LES MYSTERES

DU

KREMLIN

LES MYSTERES DU KREMLIN

Dépôt Légal Mai 2018

N° ISBN : 979-10-97252-05-2

EAN : 9791097252052

INTRODUCTION

En Russie, et cela, depuis des siècles, l'influence mystique est indissociable des évènements politiques, tant le caractère irrationnel donne une tournure insolite aux actes des gouvernants de jadis.

Les étrangetés locales sont autant de particularités propres aux Russes, que les occidentaux ne perçoivent pas. L'effondrement des deux structures étatiques, en 1917, puis en 1991, absorbèrent avec elles les idéologies Marxistes et Orthodoxes, permettant la résurgence des vieilles croyances païennes et superstitions du XV° siècle. Ressortant à la surface depuis les profondeurs de l'oubli, la magie et l'extrasensorialité font irruption dans le pragmatisme Russe moderniste, l'entrainant dans une confusion totale des genres.

Les frustrations dans la vie quotidienne, la perte de valeurs idéologiques, a permis aux ancestrales superstition, de revenir sur le devant de la scène, supposées offrir un apaisement aux angoisses existentielles, une maitrise du futur, grâce aux numérologues et astrologues. Les années 90 ouvrent la porte au « messianisme » obsessionnel, ce n'est que dix ans plus tard, dans les années 2 000, que la résurgence de la foi orthodoxe, commence à éloigner en partie les démons de la superstition. La Russie ne sera jamais une nation banale, elle poursuit un chemin qui lui est propre depuis mille ans, cultivant sa différence, conservant un mystère infini.

L'occultisme chamanique païen slave, revisité au goût du jour, ou la sorcellerie new-âge, sont un ensemble de courants considérées comme pratiques traditionnelles en Russie. C'est-à-dire, que cela a toujours existé. Cet ensemble de conjonctions, et superstitions constituant un domaine intermédiaire entre le surnaturel et la raison, entre religion et science, ce sont des croyances qui demeurent extrêmement répandues dans l'inconscient collectif Russe.

Les dirigeants bolcheviques les plus athéistes, se s'entourèrent d'alchimistes, mages, astrologues, divinateurs de l'occulte, chamans touchant aux secrets de la nature, à ce qui est non visible, phénomènes échappant à toute explication rationnelle. Dans le même temps les soviétiques persécutaient les religions traditionnelles, sous prétexte que la religion n'était qu'un opiacé pour le peuple. La citation : « la religion est l'opium du peuple », l'un des dictons les plus connus de Karl Marx, devenu le slogan contre la religion et le christianisme en général, vous laissera sans voix lorsque vous apprendrez combien les magiciens du Kremlin furent nombreux, et quelle influence ils eurent sur les décisions des dirigeants de l'Union Soviétique Communiste. Depuis la chute de l'URSS résolument athée, l'Église orthodoxe russe (Русская православная церковь), ne cesse de progresser année après année, chez le pieux peuple Russe, avec le soutien actif des élites politiques qui affichent désormais ouvertement leur foi. Le grand patriarche Cyrille (Kirill) de Moscou et de toute la Russie, continue d'animer les samedis matin, l'émission « Parole du pasteur » sur la première chaîne de télévision nationale russe, pendant ce temps dans la chaine TNT, on diffuse l'émission dédiée aux sorcières et voyants : « Bataille de médiums » (Битва экстрасенсов), avec une surprenante longévité, dans sa 18° édition en 2018.

PRESENTATION

Les magiciens émergent aux moments les plus durs de la vie sociale, lorsque l'avenir nous parait incertain, empreint d'opacité, d'impossibilité. Chacun de nous gagne sa vie comme il peut, à l'Est les gens subsistaient avec difficulté, récoltant un salaire misérable, leur foi aveugle dans le surnaturel, naquit avec les peines, les difficultés à vivre, à se nourrir, qui poussent des gens à aller prendre des conseils chez des sorcières. Des guérisseurs ont toujours existé en Russie, même à l'époque soviétique, et cela malgré les persécutions. Cette opinion qui m'est propre ne sera pas partagée par tous, certains vous diront que le courant mystique est indissociable de la vieille Russie, et ils auront aussi raison, car médiumnité et mysticisme sont omniprésents depuis des siècles.

L'ampleur de ces affaires fait réfléchir, quand la société Etatique souveraine s'effondre, les gens se tournent vers le pouvoir du surnaturel qui les subjugue. L'interdiction et l'effacement de la foi orthodoxe par l'idéologie Marxiste Bolchevique, a permis aux occultistes de remplir le vide spirituel que l'absolutisme dans la foi communiste à crée. Les gens refusent de reconnaître que la source de problèmes personnels peut résider en eux et non pas ailleurs. La télévision d'Etat, tout comme les télévisions locales, diffusent des émissions mystiques de téléréalité en direct. Lorsque dans les années 2000, le sujet de la voyance s'épuise un peu, ce sont les objets volants non-identifiés, qui redorent l'audience, créant parfois une certaine forme de panique, chez les plus crédules.

Après les émissions vouées aux occultistes, tout à chacun tentait de trouver en soi des signes de pouvoirs divinatoires ou d'autres dons, certains suivirent les émissions avec les soucoupes volantes, et déjà des femmes impressionnables, pensaient être enceintes d'extraterrestres. Les voyants dans toutes les tranches d'âges se succédèrent dans la téléréalité du petit écran, charismatiques, surs d'eux. En 2017, Vladimir Petrov, un député du parlement de la région de Saint-Pétersbourg, propose de créer un comité de la magie. Au lieu d'interdire ces pratiques, il veut légiférer et réglementer, mais cela banalise la consultation des magiciens et exorcistes pour qu'ils résolvent les problèmes. Dans ce projet de loi, il est proposé de légaliser le travail des magiciens, sorciers et tous ceux qui possèdent des capacités extrasensorielles « réelles » pour que les gens puissent avoir des garanties pour ces services.

La chasse gardée des extralucides, est cette recherche d'effets surnaturels dans des émissions télévisuelles, depuis trente ans, personne ne les a supprimées des grilles de diffusion à des heures de très grande audience. Les opérateurs de programmes, sont toujours à l'affut de rencontres en direct avec les sorcières guérisseuses, à l'allure splendide, élevées au même rang de notoriété que les vedettes de cinéma ou de la chanson, à l'écran, toutes et tous deviennent des stars choyées et couvertes de respectabilité et de crédibilité. Comment les blâmer si les chefs de leur gouvernement donnent le mauvais exemple.

Tatiana Diatchenko révèle dans ses mémoires, les intrigues du Kremlin sous la présidence de son père Boris Eltsine, celui qui donna les rennes du Kremlin à Vladimir Poutine le 31 décembre 1999. C'est sous sa présidence que les occultistes furent introduits au kremlin sans dissimulation aucune. Les Nouvelles de Moscou que l'emploi du temps de Boris Eltsine, était entièrement régi par l'astrologie, des médiums, et les diseuses de bonne aventure, consultées sous le regard bienveillant du KGB. En définitive l'Académie d'Astrologie de Moscou donna le nom du successeur qu'Eltsine devait lui-même introniser, ce fut un agent du KGB. Il est évident que l'on a essayé de tirer avantage des astrologues et médiums dans la très pragmatique Loubyanka, mais, à terme, des médiums aux pouvoirs manifestes, se frayèrent un chemin, échappant à l'emprise des services secrets, pour devenir non pas des véritables conseillers gouvernementaux, mais des consultants dont le renom permit d'amasser fortunes, alors que l'économie du pays tout entier sombrait, et que des personnes âgées faisaient les poubelles à Leningrad à la recherche de subsistance. Ce décalage total était flagrant dans ces années de transition de l'ère soviétique, époque complexe, pleine d'ambiguïtés à tous les niveaux.

Depuis lors, jamais personne ne peut être en mesure de faire la différence entre ce qui est vraiment incroyable et ce qui est simplement irréel en Russie, tant l'existence du paranormal prend une place importante dans le quotidien des citoyens aux élites politiques. L'abandon des valeurs morales, l'égoïsme et la corruption détruisent l'âme des élites de la nation avec cette amère sensation qu'offre un empire mourant, poursuivi d'un cortège orgiaque mené par les voleurs en col blanc escortés de sorciers sans aucune vertu.

LES MYSTERES

DU

KREMLIN

François GARIJO

DE L'AUTRE COTE DU RIDEAU DE FER

По ту сторону Железный занавес

Des spécialistes en l'histoire des services spéciaux Russes, écrirent que les Tchékistes s'intéressèrent aux technologies et aux capacités non traditionnelles, immédiatement après 1917. Sous l'OGPU, un laboratoire secret fut créé, afin d'influencer la volonté des personnes arrêtées, éliminer leur résistance, par les policiers de l'OGPU physiquement et mentalement. Ce contexte trouble est peu connu, il s'accompagne de l'arrestation des personnes de foi, religieux en tête et la valorisation d'aventuriers magiciens.

Les diseurs de bonne aventure et sorcières étaient en haute estime de Staline, sans Messing, que Beria lui avait présenté en 1939, Staline ne prenait aucune décision importante. A aucun moment, Messing, ne dit à Staline qu'il se fourvoyait en détruisant les églises et en déportant dans les camps prêtres et moines. Le voyant du Kremlin aurait pu jouer de son immense influence pour soulager les maux infligés à ses concitoyens, il n'en fit rien, se rendant complice des cruautés, se complaisant dans le rôle de conseiller du mal.

Wolf Gershkovitz Messing (Вольф Григóрьевич Мессинг), vint au monde le 10 Septembre 1899, dans la famille d'un pauvre horticulteur de la ville polonaise de Góra Kalwaria, à l'époque partie territoriale de la province de Varsovie, dans l'ancien l'Empire russe. Le père de Messing voulait pour son fils un destin de rabbin. Wolf n'aima pas cette idée. A l'âge de 11 ans, il prit seul, le train pour se rendre à Berlin, pour la première fois, il découvrit son don de suggestion. Quand le conducteur demanda à Wolff son billet, il lui serra sa main avec les siennes tremblantes de peur, avec le premier morceau de papier trouvé sur le sol, suppliant mentalement cet homme d'imaginer qu'il s'agissait d'un billet. À la surprise du garçon, il réagit ainsi. De plus, le contrôleur conseilla au jeune homme de s'asseoir plus à l'aise et de dormir. Consterné par ce qui venait de se passer, le jeune Wolf ne put pas fermer les yeux.

Le garçon venait de découvrir son don d'hypnotiseur, lui qui était chétif et somnambule dans sa jeunesse, il devint un artiste de cirque ambulant, doué comme illusionniste télépathe. Hitler, apprenant que dans ses spectacles publics, le voyant prédisait sa mort en cas de guerre avec la Russie, promit une récompense vertigineuse de 200 000 marks de l'époque pour sa capture. Ce que la police du Reich fit, il rassembla tous les gardes du poste de police dans la cellule grâce à son influence télépathique, puis sortit par la porte principale comme si de rien n'était, quittant la ville avec précipitation. Parti d'Allemagne sans aucun papier, il se présente à la frontière de l'URSS muni d'un tract de la police allemande sur lequel, Hitler promettait une grosse somme d'argent pour sa capture en lieu et place de passeport, et on le laisse entrer. Parvenu à l'âge de quarante ans, Messing avait visité tous les continents, rencontré des célébrités comme Eisenstein, Freud, le Mahatma Gandhi, ou même Marlene Dietrich. A cette époque, parmi ses clients, se trouvait le président polonais Józef Piłsudski. Wolf Messing, décédera le 8 novembre 1974 à l'hôpital, après une longue maladie de la jambe qu'il a contractée pendant la guerre, sans jamais avoir entaché sa réputation de sorcier. Le célèbre psychique fut enterré au cimetière Vostryakovskoe de Moscou. Après sa mort, on ne retrouva jamais la bague dont il ne se séparait jamais, et qu'il considérait comme son précieux talisman, on dit qu'un de ses amis Albert Einstein, ou alors Sigmund Freud, lui en avait fait cadeau.

C'est naturellement que le projet d'élever des voyants ou mentalistes dans les rangs du KGB naquit très tôt dès les années 20. Lorsque les talents de Messing furent sollicités par Béria, le chef du NKVD, qui deviendra le KGB en 1954, les services secrets Russes tentaient déjà depuis vingt ans de découvrir et former de talentueux télépathes.

Des unités sont formées par le KGB, travaillant avec des personnes uniques. On peut dire que le premier psychique officiel selon les archives du KGB, fut un ancien révolutionnaire, nommé Iakov Grigorievich Blumkin (Яков Григорьевич Блюмки).

Ancien électricien du dépôt de tramways d'Odessa, il rejoint les rangs révolutionnaires en 1916. S'engageant dans le combat armé, en novembre 1917, il parvient à Moscou en mai 1918. Parlant plusieurs langues dont l'Allemand, Bloumkin participera comme agent infiltré, à l'expédition de Nikolai Konstantinovitch Rerikh (Николай Константинович Рерих), prix Nobel de la paix en 1929, au Tibet, déguisé sous l'apparence d'un moine bouddhiste. Iakov Grigorevich Bloumkin (Яков Григорьевич Блюмкин), deviendra un temps, le secrétaire de Trostski, et même un ami proche, il avait effectivement quelques capacités, d'adaptation, et de dissimulation, mais ses fonctions premières furent celles de tueur pour la police politique bolchévique.

Devenu membre de la Commission de lutte contre la contre-révolution, la spéculation et le sabotage (Всероссийская чрезвычайная комиссия по борьбе с контрреволюцией и саботажем при Совете народных комиссаров РСФСР), la Tchéka, il dirige dès juin 1918, le département de contre-espionnage chargé de la protection des ambassades, dans la lutte contre l'espionnage international, il est seulement âgé de 19 ans. Le jeune homme est mandaté par le comité central, en compagnie de N. A. Andreev pour exécuter Mirbach, récemment nommé ambassadeur d'Allemagne à Moscou en avril 1918, ce dernier est assassiné dans les locaux même de l'ambassade, juste quelques mois après sa nomination. En mars 1919, Bloumkin devient secrétaire du Comité politique Révolutionnaire à Kiev en Ukraine. En 1929, Bloumkin reçoit l'ordre d'exécuter l'ancien chef de l'Armée Rouge, Trotski, il est envoyé à Prinkipo, une île près d'Istamboul, mais il se rallie à la cause Trotskiste une arrivé fois là-bas.

Un tchékiste du nom d'Arthur Schrubel, condamné au Goulag vers la fin des années 30, dans les camps du vaste territoire arctique et subarctique de Kolyma, (lors des grandes purges staliniennes de 1937-1938), fait une déclaration retentissante à ses geôliers de l'OGPU. En 1937 il avoue peu avant sa mort, avoir jeté l'écrivain Boris Viktorovitch Savinkov (Борис Викторович 1879 – 1925), avec l'aide de trois autres tchékistes dont Bloumkin, du quatrième étage de la prison de la Loubyanka.

Boris Savinkov, était responsable de nombreux assassinats de fonctionnaires Tzaristes avant la révolution d'octobre, en 1904 et 1905. Il monte l'attentat contre le ministre de l'intérieur Viatcheslav Plehve. Il fut dénoncé par Yevno Azev, chef des terroristes et agent double, qui préparait les attentats, et livrait ensuite ses camarades à l'Okhrana, la police secrète Tzariste. En 1905, Boris Savinkov est condamné à mort pour avoir organisé l'assassinat du grand-duc Serge, dont le tueur est Ivan Kaliaïev, et se retrouve en prison. Il est gracié, mais dès 1906 Savinkov, prépare à Sébastopol l'assassinat du commandant de la flotte de la mer Noire, l'amiral Tchouknine. Arrêté et condamné à mort, il parvient à s'enfuir en Roumanie, son nom de guerre était alors Viktor Ropchine. En 1924. Il est interpellé à son retour en Russie depuis son exil à Paris, jugé par la Tchéka le 30 août 1924. Reconnaissant avoir fomenté l'attentat contre Lénine par le biais de Fanny Kaplan, il est d'abord condamné à mort pour ces faits, mais sa condamnation est commuée en dix ans de réclusion.

Joseph Staline ne pardonne pas la trahison de Iakov Grigorevich Bloumkin, il demande que la sentence initiale du jugement soit appliquée. De nouveau condamné à mort une seconde fois par une troïka de l'OGPU, il est exécuté à l'âge de 31 ans, le 3 novembre 1929. Les services de la police secrète soviétique continuent encore aujourd'hui à vanter les capacités de Bloumkin, influençant les autres et les obligeant à faire des actes contre leur volonté, sorte de don psychique inné.

Les services secrets du Tzar, l'Oxrana créèrent le « cabinet noir » pour ouvrir et lire toute la correspondance de ses opposants, la Tcheka qui fut fondée par les soviets, inventa quant à elle, le « Département Spécial des Voyants Médiums ». Barchenko y trouva sa place.

L'OGPU, l'ancêtre du KGB, œuvra dans les années révolutionnaires d'avant-guerre, dans le tout premier « labo » n'hésitant pas à utiliser des psychotropes et drogues, notamment pour les membres de l'OGPU puis du NKVD chargé d'exécuter les ennemis du peuple, leur enlever tout le poids moral des scrupules durant les tortures et assassinats. Les premiers voyants ne furent pas un sujet principal d'étude, on les utilise sans essayer de comprendre, ce n'est qu'au début de la guerre, et très intensivement après 1945, que l'extrasensorialité fut inscrite à des programmes d'étude avec des protocoles de vérification scientifique.

En 1924, la direction de l'OGPU, engage le professeur Alexander Barchenko (Александра Барченко), un puissant télépathe et psychique.

Le premier dirigeant du Laboratoire secret de Parapsychologie, un scientifique connu : Alexandre Georgyevitch Spirkin (Алекса́ндр Гео́ргиевич Спи́ркин 24.12.1918 – 28.06.2004), également un ancien prisonnier politique, incarcéré au

Goulag, puis reclus en cellule d'isolement de 1941 à 1945, suite à une dénonciation. Par insouciance, au sein d'une réunion d'amis, il lance une phrase sur la cruauté de Staline, cela suffit à le faire passer en procès, il s'en tire à bon compte pour cinq ans d'incarcération, évitant ainsi d'être envoyé sur le front. Selon les documents du KGB, il est toujours considéré officiellement comme étant encore en prison : aucun document n'a jamais été émis pour le libérer. Alexandre Georgyevitch Spirkin, naquit à Saratov, diplômé (1941) de l'Institut de Moscou (maintenant la faculté de l'Université pédagogique d'Etat de Moscou), il reçoit son doctorat de philosophie, en 1959, sur le thème : « origine de la conscience ». Depuis 1946, il enseigne les disciplines philosophiques et psychologiques dans les établissements d'enseignement supérieur de Moscou, et rédige plus de 60 livres sur la philosophie au cours de sa carrière. De 1946 à 1952, il est chercheur à l'Institut de philosophie de l'Académie des sciences de l'URSS. De 1952 à 1953, devient doyen de la faculté de Moscou.

Il est l'un des célèbres rédacteurs de la « Grande Encyclopédie Soviétique », où il dirige la partie philosophie de 1960 à 1970, avant de devenir rédacteur en chef adjoint de "L'Encyclopédie Philosophique" (1960-1970). De 1962 à 1978, il devint chercheur attitré à l'Institut de philosophie de l'Académie des Sciences de l'URSS, où en 1978-1982, il prend la tête du secteur du matérialisme dialectique, puis à partir de 1982, travaille comme agent scientifique en chef à l'Institut de philosophie de l'Académie des sciences de Russie. Professeur enseignant à l'université (1970), il est membre de l'Académie des sciences de Russie correspondant, et vice-président de la Société philosophique de l'URSS (1971-1975). Le 26 novembre 1974, Alexandre Spirkin devient membre correspondant permanent de l'Académie des sciences de l'URSS, puis président de la Section des problèmes philosophiques de la cybernétique du Conseil scientifique sur la cybernétique et du Conseil scientifique sur les problèmes de la science moderne au Présidium de l'Académie des Sciences de l'URSS (1962-1981). Spirkin est l'auteur du remarquable manuel "Fondamentaux de la Philosophie" (publié en 1988, traduction 1990), par lequel se forment encore aujourd'hui, tous les étudiants des universités russes.

Pionnier dans l'étude des capacités psychiques de l'homme, Il travaille comme chercheur à l'Institut de neurologie de l'Académie des Sciences médicales de l'URSS, notamment sur les capacités psychiques. Par ses mains, passèrent plusieurs centaines de toutes sortes de médiums, de 1979 à 1984, il devient directeur du laboratoire de bio-information de la Société de Radio ingénierie, électronique et des communications Popov, travaillant aussi pour l'institut Neurologique du Cerveau à Moscou. Il figurait sur la liste noire du journal du Comité Central du PCUS Pravda, qui n'autorisait aucune publication à son sujet, tant ses enseignements étaient marginaux, déviaient des conventions scientifiques. Pourtant, les défenseurs du Marxisme ont quand même permis dans les années 1960, que des groupes pratiquant la télépathie, ont commencé à se rassembler avec leur accord, à l'Institut de Polytechnique en marge totale des courants de la science avec des élèves des cours de parapsychologie alimentés par le KGB. On y rencontrait bien sur Wolf Messing, ancien protégé de Staline et dont on disait qu'il possédait réellement le don de la clairvoyance et de la télépathie, il était alors la figure centrale, de ce groupe insolite d'étudiants télépathes.

C'est à cette période que le télépathe Messing se voit confier la supervision de tests d'élèves, auprès des membres de la direction du laboratoire de "bio information" extrasensorielle, avec la protection du Comité Central du parti Communiste d'URSS, et sous le contrôle strict du KGB.

Le Colonel à la retraite du KGB, Shaposhnikov confirme cela, déclarant que depuis l'époque du NKVD, des personnes spéciales d'un laboratoire top secret de la Loubyanka (KGB) ont choisi des enfants avec des capacités psychiques. Ils ont été suivis pendant longtemps, les plus doués achèvent cette formation dans des écoles de renseignement pour un programme spécial.

Nous devons remonter dans le passé, aux fondamentaux, à l'époque où tout prit vie, en 1929, une unité spéciale ultra-secrète fut réunie à la Loubyanka, pour sélectionner des garçons de 12 à 14 ans, dotés de capacités extrasensorielles. Ils ont été surveillés pendant longtemps, leurs talents vérifiés. Les plus doués, sont ensuite instruits au sein d'écoles de renseignement du NKVD, dans le cadre d'un programme spécial. L'auteur de ce programme, est un physiologiste, Leonid Vasiliev (Леонид Васильев), ancien étudiant du célèbre professeur Chizhevsky (Чижевского). Vasiliev forme plusieurs douzaines d'espions avec des capacités psychophysiques uniques. Ceux-ci entraient facilement dans la confiance d'autres personnes, les subordonnaient à leur volonté et les recrutaient.

Au milieu des années cinquante, après l'arrêt soudain du programme occulte, le général Pavel Sudoplatov, poursuit la recherche et la formation de futurs agents avec des pouvoirs extrasensoriels, selon une méthodologie spéciale, ils sont transférés au renseignement militaire le GRU.

Jusqu'au milieu des années 1950, le physiologiste Leonid Vasiliev, un élève du célèbre professeur Chizhevsky, supervise ce programme. Par la suite, des études plus techniques et une formation aux méthodes spéciales d'espionnage ont également été menées par l'intermédiaire des services de renseignements militaires dans l'établissement connu sous le nom de n° 01168. Selon des sources occidentales, à ces fins, le GRU dépense environ 300 millions de roubles uniquement pour l'année 1975 soit 25 ans après avoir lancé de programme non conventionnel initial. Le centre secret du KGB, pour la sélection des enfants médiums, se transfère totalement à l'installation dite « N », de la direction principale des renseignements militaires (GRU), de l'état-major général du ministère de la Défense. Le laboratoire est implanté dans le chalet (Datcha), offert par l'ancien ambassadeur allemand, Von Schulenburg à Astafiev (Астафьев). Selon certaines sources, diverses expériences occultes, s'y sont poursuivies jusqu'au début des années 80, ensuite les compétences psychiques des personnes les plus douées, continuèrent à être exploitées de nouveau, en suivant les cours supérieurs dans l'ancienne école supérieure du KGB (бывшая Высшая школа КГБ), puis à l'Académie Diplomatique du renseignement militaire de l'état-major général

(Военно-дипломатическая академия ГРУ генштаба), en complément de cours spéciaux non conventionnels (médiumnité, télépathie etc…). Les premiers diplômés émérites rejoignirent les rangs des diplomates dans les ambassades à l'étranger.

Selon Vladimir Ivanovitch Cafonovym (Владимир Иванович Сафоновым), dans les années soviétiques, au sein du KGB, il y eut un laboratoire spécial, dans lequel les gens avec des capacités paranormales ont été étudiés.

Dans ce laboratoire, par exemple, une fille avec des capacités inhabituelles a été suivie. C'était une écolière exceptionnelle, un officier du KGB l'amenait tous les jours et la conduisait dans un lieu secret. Particulièrement douée, elle était sujet d'un programme unique à son intention. La fillette était préparée pour un travail spécial. Malheureusement, à l'époque de la perestroïka, le laboratoire fut de nouveau fermé. On connait le sort de cette fille qui a eu du mal à entrer dans la vie ordinaire après avoir été entraînée à un destin hors du commun dans le renseignement. Abandonnée par les services comme tant d'autres, elle retrouva péniblement une vie modeste finissant dans l'anonymat d'une existence ordinaire. Les destins d'autres personnes comme elle sont semblables, la plupart des noms et expériences, sont classées secrètes, devenues une poussière de souvenirs de l'ancien temps de la guerre froide.

Une des adresses connues de ce laboratoire extrasensoriel était, Rue Passage Furman 105062 Moscou (улица Фурманый Переулок) au numéro 6. Aujourd'hui une bâtisse couleur saumon à deux étages, à 1,3 km au nord-est du siège du KGB. L'institut comportait trois petites portes d'entrée, les numéros 2, 4 et 6, toutefois le numéro six ne figurait pas sur la façade, il était attribué un peu plus loin à un immeuble sur le même trottoir connu sous le nom de Gosoudarstvenaya Trekovskay, Maison Shugaeva appartenant jadis à Anna Vladimirovna Shugayeva, construite de 1903 à 1904 dans un style intérieur baroque. Le laboratoire recruta et étudia pour ses besoins environ 200 personnes, chacun des candidats était unique, devait répondre à un certain nombre de questions, résoudre des tests divinatoires, détenir un don d'exception. La commission examinatrice finale se composait d'une troïka de trois clairvoyants confirmés coiffée d'un président, parfois Messing, parfois Vladimir Ivanovitch Safonov ou quelqu'un d'autre parmi les cadres du KGB. Des tests portaient sur les capacités à fort potentiel biologique, fleurs, arbres, légumes étaient magnétisés par les médiums, puis on suivait le développement accéléré dans leur croissance jusqu'à maturité. Des tests divinatoires portaient sur tout et n'importe quoi. Les candidats furent principalement issus des Républiques Socialistes Soviétiques, il y eut néanmoins quelques cas masculins et féminins d'autres nations au centre psychique.

Les épreuves de ces médiums portèrent des fruits concrets, dans des thématiques de divination à destination purement scientifique.

Sur un site de lancement orbital, un décollage de fusée se déroula mal, elle explosa sans explications. Une commission d'état fut réunie, des spécialistes étudièrent les causes, sans parvenir à une opinion commune. Vladimir Ivanovitch

Safonov (Владимир Иванович Сафонов), fut invité pour diagnostiquer le phénomène, Il n'avait pas du tout vu cette fusée au préalable. Les ingénieurs rédigèrent les différentes versions possibles retenues de l'incident technique ayant causé le disfonctionnement, et les scellèrent dans 15 enveloppes, ils placèrent ces dernières devant Safonov, après les avoir préalablement constamment mélangés. Il ne savait pas ce qui était écrit à l'intérieur. Il choisit plusieurs fois une enveloppe différente, avec toujours la même solution. En conséquence, les participants de la commission d'Etat, planchèrent sur les données qu'elle renfermait et parvinrent à la même version que le voyant. Il s'agissait bien du problème qui avait causé le crash de la fusée sur le pas de tir. Seulement, la commission perdit de nombreux mois sur le sujet sans parvenir à une conclusion collégiale, alors que Safonov, aboutit en 10 minutes à se prononcer sans faillir. Les capacités de Vladimir Ivanovitch Safonov, furent utilisées pour reconnaître des anomalies dans des machines et des mécanismes complexes. Il a presque infailliblement fait des conclusions vérifiables techniquement, simplifiant le travail de diagnostic en maintenance. Bien que des erreurs se soient aussi produites. Il donna également son avis sur des photos, pouvant déterminer si la personne est encore vivante ou non, quel âge elle a aujourd'hui, ainsi que son type d'occupation et ce qu'elle fait en ce moment.

Trois médiums se distinguèrent parmi les autres candidats, dans le fameux laboratoire médiumnique, dont : Konyukhova Fedor Danilovna, originaire du Kazakhstan, qui vit maintenant en Biélorussie, près de Minsk, et Shapiro Boris Nikolaevich, photographe pour touristes sur la Place Rouge. Danilovna découvrit son propre don en s'endormant une nuit, la main posée sur sa poitrine, au réveil, elle avait une empreinte rouge vif sur la peau. Shapiro avait un diagnostic divinatoire incroyablement fort, mais il ne pratiqua pas comme voyant, il entra dans les affaires comme consultant, conseillant les hommes d'affaires dans des conflits économiques au début des années 90.

Parmi d'autres individus, tout aussi intéressants, le troisième : Ivan Dmitrievich Fomin, un ancien journaliste du journal Borisoglebsk, qui durant son temps libre plantait des carottes dans son jardin, utilisait son don, et après quelques semaines ses carottes mûrissaient déjà. Croissance expérimentalement brillante par rapport à des légumes non magnétisés de ses mains, de plus il est très fort dans les diagnostics prédictifs divinatoires. Maintenant, ses services sont souvent ponctuellement utilisés par les autorités. Il a été recruté dans le cercle des douze voyants employés par le président Eltsine au cours de son mandat. Son emploi le plus notoire fut à l'aérodrome militaire secret de Kubinka, afin d'aider à diagnostiquer les causes techniques des pannes accidentelles.

Dans les candidats du laboratoire psychique, des cas uniques à bien des titres étaient recrutés, ainsi, une femme avec des dons de divination judicieux, était également une nymphomane notoire, qui s'absentait souvent de son travail, et demeurait au lit parfois jusqu'à une semaine à faire l'amour afin de se satisfaire dans des ébats avec ses amants. Le KGB la recruta dans ses rangs.

Parmi les membres directeurs du laboratoire extrasensoriel, Sochevanov, qui à un moment était en charge du département médiumnique des étudiants, maîtrisait parfaitement les méthodes de bio localisation, elles trouvèrent une application pour le moins singulière. Le KGB, s'était demandé, s'il était possible de trouver un dépôt de sous-marins et de carburant à travers immense étendue de l'océan. Sochovanov et son groupe, naviguèrent pendant un été entier sur les navires soviétiques, réussissant à trouver une base de ravitaillement Nord-Américaine de sous-marins en pleine mer. Plus tard, confirmation fut faite par le renseignement militaire lors de survol aérien de la région.

Au nombre de ces voyants extraordinaires aux capacités incontestables, qui furent étudiés par le KGB, figure une femme capable de lire un livre avec ses mains les yeux fermés. Nous devons absolument parler de Rosa Kuleshova, l'une des rares personnes avec des capacités paranormales, dont le nom était bien connu à l'époque soviétique. Elle exploitera ses dons de 1962 à 1978, soit une période assez courte de seize ans, et demeure un cas totalement inexplicable. Rosa nait en 1940 dans le village de Pokrovka, dans l'Oural, près de Nijni Taguil. Sa grand-mère l'éleva seule, et décéda de bonne heure. Après la mort de sa grand-mère, la fillette commence à subir des crises d'épilepsie. En raison de problèmes de santé, elle n'a pas pu terminer la période scolaire de l'enseignement en Russie qui est de dix ans. Après la septième année, c'est une élève en rupture scolaire, qui passe son temps internée dans les infirmeries des hôpitaux.

En 1960, la fille entre dans les cours d'art amateur obtenant même un diplôme d'art dramatique. Elle dirige ensuite un petit cercle dramatique avec des jeunes gens résidents d'un institut pour aveugles. Les malvoyants lisent les textes en utilisant l'alphabet Braille. Intriguée, Kuleshova tente de faire comme eux, apprend l'alphabet braille qui est au programme des élèves de première année. Elle réussit au bout de deux semaines à lire les lettres et les mots sans regarder, juste par le toucher. Au bout d'un an, en 1961, elle s'étonne de pouvoir lire des phrases sans regarder un livre ni le toucher, elle s'en amuse sans se rendre compte réellement du don qu'elle vient de se découvrir.

Au printemps de 1962, Rosa est hospitalisée pour une angine, on lui fait une opération pour enlever les amygdales. Pendant son alitement forcé, elle suggère à d'autres patientes de leur faire un tour pour les amuser, elle se bande les yeux et lit à haute voix trois lignes d'un livre ouvert, sans le regarder, ni le toucher. Les femmes de la chambrée sont tellement impressionnées qu'elles en parlent au médecin du service. Le docteur très excité, téléphone à Koulechov pour l'informer de cet extraordinaire don, Les deux hommes convoquent la fillette dans le bureau du médecin et lui donnent un ouvrage médical enveloppé dans une taie d'oreiller. Fermant les yeux avec les paumes de ses mains Rosa, lit toute une page à voix haute. Le médecin rédige un article qui se publié dans un journal local, relatant cette jeune fille au talent extraordinaire. Suite à sa petite notoriété, un cirque de la ville de Nijni Taguil l'embauche pour donner des représentations sur scène. Elle accumule beaucoup de spectateurs, reconnaissant les couleurs et contours de divers objets sans les regarder, ni les toucher avec ses mains. Elle étonne par des lectures de pages les yeux bandés.

Quatre ans plus tard, en 1965, Rosa déménage à Svedlovsk, où on lui propose un poste de professeur enseignant titulaire, dans une école pour enfants aveugles, Sverdlovsk est le nom que portait de 1924 à 1991 la ville d'Iekaterinbourg. Elle commence à leur apprendre à lire et s'orienter dans l'espace environnant selon sa méthode personnelle. Ses élèves la croient aveugle elle aussi, les enfants n'ont pas été informés que leur enseignant voyait vraiment. Un élève particulièrement réceptif sort du lot, un jeune garçon totalement non voyant, nommé Sasha Nikiforov. Grâce à Rose il apprend à reconnaître des objets distants, par la seule clairvoyance, et à marcher sans bâton, ni accompagnement, tout en évitant les obstacles sur sa route. A ce moment-là, Rosa intéresse fortement les scientifiques du centre paranormal du KGB, les témoignages à son sujet sont remontés très haut. Il est décidé de mener de nombreuses expériences avec elle, à Sverdlovsk, aux vues des résultats, on décide de l'envoyer à Moscou. Jusqu'à aujourd'hui les pouvoirs de Kuleshova, demeurent un mystère non résolu. Les scientifiques lui bandent les yeux, placent ensuite une planche de bois épaisse entre le livre et elle, l'enveloppent d'un tissu opaque, malgré ces conditions, elle est capable de lire à haute voix n'importe quel texte issu de l'ouvrage, quel que soit son niveau de complexité. Les auditeurs mélangent des cartes de couleur, puis en placent une dans un sac opaque sombre, ou dans des enveloppes fermées hermétiquement, puis on lui demande de trouver les couleurs. Elle réussit presque à chaque fois à deviner précisément les couleurs exactes, dans certains cas elle s'en approchait fortement. Son don de clairvoyance fut expérimentalement pleinement démontré. Elle continua à pratiquer ses cours pour aveugles, et ne perçut pas d'argent pour l'exploitation de ses dons. Rosa Kuleshova vécut en toute modestie, jusqu'à son décès en 1978 à l'âge de 40 ans d'une tumeur au cerveau qui provoqua une hémorragie. Elle demeure à ce jour un être exceptionnel dans la liste des personnels ponctuellement sollicités par la Loubyanka, mais demeura un personnel civil contractant, n'appartenant pas au centre. Personne humble et modeste elle voua sa courte vie aux enfants mal voyants.

En tête des élèves du centre psy du KGB, une autre femme Russe célèbre, Larissa Vilenskaya (1948-2001), qui prit le nom de Laura Faith aux Etats-Unis. Née à Riga durant l'ère soviétique, elle étudie la physique, l'ingénierie et la psychologie à Moscou, puis la parapsychologie avec des chercheurs soviétiques dans le domaine du paranormal. Emigrant en 1981 aux Etats Unis d'Amérique, elle se fait recruter au Washington Research Center, poursuivant ses recherches dans le domaine télépathique, publiant de nombreux articles et ouvrages, traduits dans différentes langues. Elle est connue pour avoir édité de 1982 à 1986, la revue « Psi Research Journal ». Elle devient membre associé de la Parapsychological Association, ainsi que de plusieurs autres associations en relation avec les domaines paranormaux, recevant un prix d'excellence de la part de la très connue « Swiss Foundation of Parapsychology » avant de décéder dans un accident le 13 juin 2001.

On apprend qu'au moins 40 scientifiques d'Etat participent à ces expérimentations, selon les rapports officiels, 40 scientifiques, dont deux lauréats du prix Nobel, étudient les candidats, dont Kulagina, un médium très connu du KGB. Kulagina, hérita ses pouvoirs de sa mère, ils devenaient plus puissants lorsqu'elle était en colère et s'accompagnaient de télékinésie à ce moment-là.

Le KGB a recours à des parapsychologues, des devins, et des psychocliniciens pour des travaux depuis au moins dix ans avant l'arrivée de Staline au pouvoir jusqu'à la fin de l'ère soviétique en 1991. Nina, alias Nelya Mikhailova pour le KGB, ou Ninel Sergeevna Kulagina (Нине́ль Серге́евна Кула́гина) nait le 30 juillet 1926 à Leningrad, aujourd'hui Saint-Pétersbourg, et décède le 11 avril 1990. Nina rejoint l'Armée Rouge à l'âge de quatorze ans, dans un régiment de chars pendant la Seconde Guerre Mondiale, et ce n'est que devenue mère au foyer qu'elle développe ses dons. Pendant la Grande Guerre Patriotique, elle est opérateur de radio dans les troupes du front et subit plusieurs blessures sur le champ de bataille, au combat contre les roupes allemandes, obtient grade et décorations pour ses états de services. À la fin des années 1960, le chef du laboratoire de méthodes radio électroniques pour l'étude des objets biologiques, le docteur en Sciences Physiques et Mathématiques, Eduard Emmanuilovich Godik, se charge de découvrir s'il y a vraiment des personnes ayant des capacités anormales. Parmi les sujets se trouve cette Ninel Sergeevna Kulagina. Ses capacités psychiques sont étudiées et mises en pratique, des films en noir et blanc attestent parfaitement de ses pouvoirs psycho cinétiques. Selon les rapports de l'Union soviétique, 40 scientifiques, dont deux étaient des lauréats du prix Nobel, étudient en détail Kulagina, durant des séances au cours desquelles des changements physiques sont enregistrés comme étant accélérés et altérés, battements cardiaques, ondes cérébrales ou électromagnétiques, accompagnés de déplacement d'objets physiques. Les données du renseignement prétendent que le bloc soviétique avait un grand nombre d'hommes et de femmes capables d'intercepter un certain nombre de choses à l'aide de la télépathie, c'est-à-dire en ressentant les pensées d'autrui. Dans les années soixante-dix, Nina Kulagina, démontre ses capacités télékinésiques, par un simple effort de volonté, elle pouvait déplacer des objets, tels que des aiguilles, boutons, petits objets légers, comme une carte à jouer, un mouchoir en papier, juste avec sa volonté psychique, cela passionne les masses jusqu'en occident. L'une des expériences les plus célèbres de Kulagina a lieu dans un laboratoire de Leningrad le 10 mars 1970, après avoir d'abord étudié la capacité de déplacer des objets inanimés, Kulagina d'utilise son énergie pour arrêter les battements du cœur d'une grenouille, en utilisant sa pensée. Nina Sergeevna Kulagina montre une impressionnante gamme de capacités paranormales. Elle détient le pouvoir de psychokinèse pour déplacer des objets en mouvement sans les toucher. L'authenticité de ses capacités est testée dans les laboratoires, en utilisant des caméras cachées, de nombreux scientifiques éminents reconnaissent l'existence de ses pouvoirs. Lorsqu'au cours de la Seconde Guerre mondiale débute le siège de Leningrad, Ninel avait seulement 14 ans. Avec son père, son frère et sa sœur, elle rejoint l'Armée rouge et commence à se battre contre l'agresseur allemand. Pendant les 900 jours de siège dans la ville les conditions de vie sont épouvantables. En hiver, par moins 40 degrés au-dessous de zéro, de maigres rations de pain, le manque d'eau, d'électricité, la plupart des bâtiments sont détruits par des bombes et des obus d'artillerie. Ninel est Grièvement blessée pendant la guerre. On sait que Nina Kulagina sert comme opérateur radio dans les chars modèle T-34 et achève son service avec le rang de sergent. Nina Kulagina affirme qu'elle pouvait toujours visualiser les choses dans les poches des vêtements d'autres personnes, lors d'une rencontre avec les patients, elle voit ce dont ils souffrent en direct. En 1964, elle est hospitalisée avec une dépression nerveuse et s'occupe à de la broderie. Les médecins remarquent ceci ; quand elle a besoin d'un fil de couleur différente, elle le récupère dans le panier sans regarder à l'intérieur. Elle devient très connue sous le pseudonyme Nelia Mihailova lorsqu'en 1968, des histoires à son sujet parviennent en occident. Parfois, la concentration de Kulagina était si intense qu'elle avait des marques brûlures apparaissent sur ses mains, et même ses vêtements ont pris feu. Gennady Sergeev, le célèbre physiologiste du laboratoire militaire de Leningrad, étudie les potentiels électriques dans le cerveau de Nelia et enregistra une très forte contrainte électrique et magnétique parmi d'autres effets inhabituels. Le président de physique théorique à l'Université de Moscou Y. Terletskii déclare en 1968 : « Mme Kulagina affiche une forme nouvelle et inconnue de l'énergie » fin de citation.

Les critiques attaquent cruellement Kulagina : « Il ne peut y avoir de telles capacités », voilà les titres parus dans la Pravda. Mais Kulagina Ninel Sergeevna, au cours des essais, donne vraiment son énergie. Après un des tests avec le médecin Reidak, ses pouvoirs l'avaient si épuisée qu'elle faillit perdre son pouls, son visage devient pâle, elle peut à peine bouger. Pendant une demi-heure, elle perd près de quatre livres de poids. Selon encore un autre rapport du Dr Zverev, après le test, les battements de son cœur étaient irréguliers, le taux de sucre augmenta dans son sang, le système endocrinien s'est modifié. Elle perd son sens du goût, ressent une douleur dans les bras et les jambes, la tête tourne. En raison de ces expériences associées à l'effort physique élevé, cela finit par la conduire à une crise cardiaque fatale. Beaucoup croient que ces expériences l'ont épuisée, détruit la santé et probablement hâté sa mort. Lors des funérailles, elle est honorée comme un des héros de Leningrad, pour son courage pendant le siège. Une vidéo en noir et blanc fait le tour de la planète sur You Tube, on la voit arrêter les battements de cœur d'une grenouille. Elle provoqua aussi, une tachycardie chez un psychiatre sceptique, qui faillit subir une attaque cardiaque fatale lors de l'expérience. Elle détenait aussi le pouvoir « du feu », pouvant réaliser des brûlures sur la peau par le toucher. La jeune femme affirmait pouvoir lire les yeux fermés, elle est également porteuse du don de télékinésie. Quand elle est en colère, les objets commencent à bouger. Selon le Dr Yuri Kobzarev, un membre de l'équipe de recherche, Kulagina pourrait vraiment faire des choses phénoménales, provoquer une brûlure sévère d'une simple pression de la main, faire pivoter l'aiguille de la boussole et déplacer de petits objets. Elle réussit à éclairer une pellicule photographique, provoquant dessus, un certain nombre de figures géométriques. Des études ont démontré que pendant les expériences, autour de ses mains, un champ électrique se forme, et le microphone détecte des impulsions ultrasoniques. Ces effets furent mesurables par des appareils électroniques standards. De nombreuses expériences sont filmées en direct, en présence d'innombrables observateurs qui pouvaient décortiquer ses moindres faits et gestes, on peut les visionner sur YouTube. Elle succomba à une crise cardiaque et décède en avril 1990, sans révéler le secret de son don unique.

Les télékynésistes soviétiques sont les plus controversés, nombre de scientifiques occidentaux ou de journalistes avisés tentèrent de reproduire leurs effets pour dénoncer la supercherie. Pendant des années, la recherche psychique en URSS, en raison de l'aura de secret qui l'entourait, est considérée comme une sorte de mythe impossible. On a dit, par exemple, que les Russes étaient très en avance dans les découvertes parapsychologiques, puis qu'ils trichaient. Existe-t-il une explication rationnelle de la capacité extraordinaire de personnes comme Alla Vinogradova déplaçant des objets ronds sur des surfaces planes sans les toucher ? Ce domaine fut peut-être exploité par la propagande, dans les années 60 et 70 le public était friand d'émissions comme la cinquième dimension, le paranormal, aux Etats Unis et en occident, alors talent secret ou intox ?

Alla Vinogradova produisait très simplement une charge électrostatique pour repousser l'objet avec le magnétisme de ses mains. Certains détracteurs disent être parvenus à des résultats similaires, mais force est de constater que nous ne sommes pas tous capables d'accéder à des actions similaires, loin de là. Le Dr Stanley Krippner, psychologue à l'Institut Saybrook de San Francisco, ancien président d'une association parapsychologique, travailla avec Vinogradova. Dans son livre Human Possibilities (1980), Il relate que lorsqu'il était en Russie, il vit Vinogradova en action avec un tube en aluminium qui s'est déplacé sur la table (page 20) sans contact ni tricherie, juste par l'électrostatique de ses mains. Psychologue pour enfants et enseignante, l'épouse du chercheur russe Vikan Adamenko, raconte qu'Alla Vinogradova visionna en 1969 un film de Kulagina à la télévision d'Etat, et pensa qu'elle aussi pouvait déplacer des objets sans les toucher. En fait, après avoir été formée par Adamenko, elle découvre qu'elle peut réellement déplacer des objets placés sur du plastique acrylique transparent pour en faciliter la progression. Des films de ses exploits sont tournés au début des années 70. Elle prend des objets tels que des cigarettes, tubes à cigares en aluminium stylos ronds puis les place sur une plaque de plexiglass suspendue entre deux chaises, dans ces conditions, elle est capable de les faire tourner, rouler, à l'approche de sa main, sans jamais en toucher directement aucun. Vinogradova pouvait déplacer des objets pesant jusqu'à un poids de 200 grammes.

Des articles de journaux décrivent les étonnantes capacités de Rosa Kuleshova, une Russe de 22 ans qui pouvait apparemment lire des imprimés tout en ayant les yeux bandés (Time, 25 juin 1963 et 12, 1964). En 1968, des films circulent où des objets en mouvement sont l'œuvre de Nina Kulagina, sont diffusés à la première conférence internationale de Moscou sur la parapsychologie. Puis, le grand public occidental prend conscience du travail de parapsychologie réalisé en URSS quand le livre « Découvertes psychiques derrière le rideau de fer » écrit par Sheila Ostrander et Lynn Schroeder, publié en 1970. On apprend aussi que les conditions dans lesquelles Nina Kulagina, opérait étaient loin d'être acceptables du point de vue des normes scientifiques fondamentales. Des tests étaient fréquemment effectués chez elle ou dans des chambres d'hôtel, malgré tout, en présence de témoins et étant filmée elle parvenait toujours à des résultats. Le laboratoire de physiologie de l'Université de Léningrad participa en envoyant des scientifiques pour suivre ces expériences. Lutsia Pavlova et A. A. Utomskii deux docteurs de ce labo étaient par ailleurs en charge d'un programme complet qui comprenait la divination, la télékynésie et la communication à distance (télépathie). À partir des années 1960, Sheila Ostrander, une canadienne, et l'américaine Lynn Schroeder, deux chercheuses et écrivains, passent des années à enregistrer le travail des scientifiques soviétiques dans le domaine parapsychologique recueillant les infos pour leur livre lors d'une étude qu'elles réalisent à travers les pays communistes en 1968. Deux ans plus tard, elles publient leur livre en 1970-1971. Abandonnant un peu le côté voyance divinatoire, elles se concentrent sur la Psychokinèse, qui est la capacité psychique à déplacer des objets au travers un exercice de l'esprit, que ce soit consciemment ou inconsciemment. Le mot, psychokinèse, signifie littéralement mouvement de l'âme, psyché-de l'âme, mouvement Kinétique.

Mme Nelja Michailowa est une femme au foyer habitant Leningrad, qui découvre son don après la Seconde Guerre mondiale dans un hôpital au cours de sa convalescence pour blessures de guerre. Un jour très en colère, elle se dirige vers un placard, puis tout d'un coup déplace sans la toucher, une boîte sur une étagère. La boîte tombe au sol puis éclate. L'incident est causé par l'énergie psychique de Nelja qui apprend peu à peu avec le temps à la contrôler. Le Docteur russe Leonid Wasiljew va l'évaluer, interprétant l'étendue de ses pouvoirs. En 1960, Nelja tue le temps à l'hôpital en tricotant, elle se rend compte qu'elle peut trouver les pelotes de laine dans le cabas sans regarder dedans, son don s'étend à une perception divinatoire. Parmi ceux qui ont testé Nelja, le Docteur Geradi Sergejew, réalise d'innombrables expériences, il conceptionne un appareil capable d'enregistrer jusqu'à des distances de l'ordre de 3,5 mètres, les champs électrostatiques et magnétiques du corps humain. La poursuite de ces expérimentations démontre qu'un champ magnétique est présent autour du corps de Nelja, de l'ordre de grandeur de dix fois plus petit que le champ magnétique de la planète terre. Les ondes cérébrales de Nelja se déplacent d'une manière spéciale. Son esprit demeure sous une tension électrique mille fois supérieur sur le devant de la tête, que la plupart des gens dont la tension n'est que de trois ou quatre fois mesurable. Une tension électrique plus élevée, se mesure lorsqu'elle est dans un état de repos. Lorsque Nelja réalise sa psychokinèse, déplaçant par la puissance de la pensée des objets se trouvant sur une table en face d'elle, les instruments électroniques enregistrent l'existence de champs magnétiques autour de son corps. Exprimées en ondes énergétiques vibratoires correspondaient en tous points avec ses ondes cérébrales ou les battements de son cœur. Il s'agit donc bien d'un magnétisme corporel. Les expériences menées par le Docteur L. Wasiljew concernant la vision divinatoire au travers des mains de Nelja, sont complétées par celles du Professeur A. Nowomeiski, qui enregistre le champ de force émanant d'elle dans la direction des objets qu'elle regarde et tente de bouger.

MEDIUMNITE
AU SERVICE DE L'ARMEE ET DU KGB

Pour clarifier la situation en ce qui concerne la médiumnité psychique militaire, nous décrirons brièvement l'atmosphère générale dans laquelle la parapsychologie évoluait en URSS dans les années 1970 et 1980. Bien sûr, le KGB s'est autorisé à tester des médiums, ils ont été identifiés, puis placés dans un contexte où ils n'avaient pas d'impact négatif sur les gens, puis autorisés à mener des recherches, à traiter des patients, leurs résultats étaient analysés par des scientifiques, ensuite, le KGB décidait d'autres tests plus formels au sein d'affaires ponctuelles qui concernaient les activités de leurs services. Mais le KGB avertit les médiums, que s'ils vont au-delà de ce qui leur est permis, ils seront soumis à des sanctions appropriées. Dans les temps soviétiques, il n'était pas pensable d'exercer un entreprenariat privatif, comme recevoir de l'argent pour son travail personnel, on travaillait pour l'Etat, qui seul décidait des salaires et de l'affectation de la personne. On prohibait les pratiques de guérison traditionnelles, tout comme les activités médicales illégales, la distribution de littérature inappropriée, c'est-à-dire, toute non publiée officiellement, étaient rigoureusement interdites. Cela englobait presque tout sur le sujet de la parapsychologie, et surtout les conférences publiques ou privées non autorisées par le PCUS. Ceux que l'on nomma les parapsychologues à cette époque-là, avaient une vie difficile, restreinte, avec trop d'interdictions, il était facile de trébucher sur un faux pas et à avoir des problèmes avec le KGB et les autorités. C'est ce qui est d'ailleurs arrivé à la plupart d'entre eux.

Des généraux, surveillaient les individus détenteurs de superpouvoirs, non seulement pour s'entourer de leurs conseils, comme ce fut le cas parmi les membres de la garde d'Eltsine, mais pour les aider dans le travail quotidien lié aux activités secrètes. L'histoire d'un homme au destin unique, résume bien cette situation, le général du FSB à la retraite, Valery Vasilievich Malyovany (Валерий Васильевич Малеваный,), sort du lot, particulièrement frappante, car elle touche à la fois aux affaires de médiums, et aux secrets d'Etat les plus sensibles. La grand-mère de Malvoyani, Raisa Buravina, une révolutionnaire ayant aussi appartenu aux services secrets du Guepeou, avait fondé le Parti Communiste des Etats-Unis.

Depuis 1919, Raïssa Buravina travaillait dans la section spéciale de la Tchéka, sous la direction de Menjinski, supervisant la création des partis communistes aux États-Unis et dans d'autres pays, où le Komintern, fournissait au Guépéou un vaste réseau d'agents disponibles dans le monde entier. Les activités de sa grand-mère, comprenaient l'organisation et la supervision de réseaux d'espionnage aux États-Unis, en Europe et en Palestine, par exemple, à Jaffa, où se situa le réseau d'agents de Yakov Bloumkin. Elle a également participé au travail de recrutement des célèbres espions, les Cinq de Cambridge en Grande-Bretagne. C'est difficile à croire, mais, selon le général du KGB à la retraite, Malyovany, les médiums au service du KGB ont trouvé la « taupe » la plus dangereuse dans le renseignement militaire soviétique, le traître Polyakov. Les officiers médiums ont aussi facilement identifié, les coordonnées des sous-marins nucléaires américains cachés sous la glace du pôle Nord. Les personnes ayant des pouvoirs médiumniques aidèrent également les services spéciaux à prévenir les espions et les attaques terroristes dans le métro de Moscou. Divers articles dans la presse russe parlent de ce sujet.

(http://argumenti.ru/espionage/n422/313863)

Vice-président de l'Association des vétérans des services spéciaux "Berkut" (Aigle), historien des services spéciaux, le général Valery Vasilyevich Malyovany, fut le gagnant du prix littéraire « Plume d'or du FSB » en Russie. Né en 1946, dans la famille d'un officier du NKVD. Il sort diplômé de l'école de reconnaissance et de sabotage de l'état-major général de l'URSS de la région d'Irkoutsk. Il participe à des opérations spéciales en Tchécoslovaquie (1968), à Cuba, Somalie, Nigeria, Ethiopie et Angola. Depuis 1975, détaché au bureau "C", activités d'intelligence illégale du KGB de l'URSS à l'étranger. Actuellement, il est co-président de l'Association française pour le soutien à la culture russe à Paris "Glagol", dont le président était Vladimir Sergueev, un journaliste de carrière, philosophe, écrivain et poète. Malyovany est l'auteur de 15 livres concernant les secrets du KGB de l'URSS et d'autres sujets sensibles. Le journaliste Alexandre Andruyukhin, rapporte un témoignage à son sujet dans un article du 31.10.2013 de la gazette « Kultura ».

(http://portal-kultura.ru/articles/history/12113-general-gosbezopasnosti-valeriy-malevanyy-kompartiyu-ssha-sozdavala-moya-babushka/)

Le KGB n'employait pas de médiums dans ses effectifs, il cherchait à exploiter leurs talents, les utilisant ponctuellement pour ses besoins, testant leurs capacités pour séparer les personnes porteuses de don des affabulateurs, que le centre renvoyait chez eux. Un exemple typique est le cas d'Eduard Naumov (Эдуард Наумов), l'un des premiers militants de la parapsychologie en URSS dans les années 60, un de ceux qui ont eu de grandes difficultés pour exercer parmi les premiers précurseurs, dans le domaine de la recherche parapsychologique, cherchant de l'aide des fonctionnaires, demandant le droit à réaliser des conférences publiques sur le sujet, pour tourner des films qui capturent l'authenticité des miracles psychiques. Naumov établit des contacts avec des scientifiques et parapsychologues étrangers. Cette activité déplut aux autorités, en particulier au KGB, qui en raison de ses contacts non autorisés avec les pays capitalistes, arrête Naumov en 1974, pour activités antisoviétiques, le condamnant à deux ans de camps Goulags.

Le cas Naumov reçoit une large publicité, très disproportionnée, y compris en Occident. Bien que l'affaire Naumov, n'est pas une question politique ou sociale, car il n'est pas un de ces dissidents que les occidentaux vénéraient, un grand soutien international se rassemble autour de sa personne. Il ne critique pas le système, ne signe pas de lettre de protestations, mais beaucoup de scientifiques, de personnalités culturelles soviétiques font savoir qu'il est effectivement réprimé pour avoir donné des conférences sur la parapsychologie et rencontré des scientifiques étrangers pour son domaine d'activité qui ne constitue pas selon eux un élément à charge plausible.

Le contexte social est particulier, à cette époque, le 12 février 1974, Alexandre Soljenitsyne est arrêté par le KGB à Moscou, il n'est pas le seul, mais le plus célèbre des dissidents, finissant expulsé en février 1974, avec son ami Sergueï Kovalev, qui deviendra des années plus tard l'un des rares députés russes à critiquer la guerre en Tchétchénie. Le London Times du 18 novembre 1974, publie une lettre signée par des écrivains et des scientifiques de renommée mondiale : John B. Priestley, Francis Huxley, Robert Harvey entre autres. Les auteurs ont directement déclaré, que Naumov avait été reconnu coupable d'avoir appelé à une étude libre et ouverte des phénomènes parapsychologiques en relation avec les scientifiques. Des savants et des écrivains anglais appellent Moscou pour l'obliger à reconsidérer les accusations portées contre Naumov, et à le libérer du camp de travail forcé où il croupissait. Il est difficile de dire si les protestations des scientifiques étrangers ont joué un rôle, exercé une quelconque pression, ou un si un tout autre mécanisme politique interne a fonctionné en URSS, mais le 9 avril 1975, la cour suprême de la RSFSR, décide d'annuler le verdict de Naumov : « faute de crime dans ses actions ».

Cependant, la poursuite des parapsychologues amateurs ne s'est pas arrêtée là, dans ces mêmes années, une femme médium est licenciée de son travail pour exercice de charlatanisme, et avoir tenu des conférences incompatibles avec le titre d'enseignant, c'était Barbara Ivanova (Варвара Иванова). Enseignante à l'Institut des relations internationales de Moscou, organisme très prestigieux, où étudient les futurs diplomates et ambassadeurs russes. Dans son temps libre elle pratique la recherche médiumnique et parapsychologue dans le laboratoire public de bio information. Cette liste de personnes réprimées et bannies peut continuer encore et encore. Outre la privation de liberté, de nombreuses autres mesures étaient appliquées aux dissidents ou aux déviants. Ils pouvaient être limogés de leur travail, perdre leur logement, incarcérés dans les Goulags pour des périodes variables et prolongeables, ou renvoyés d'un établissement, ne plus retrouver de poste par la suite, être internés de force dans un hôpital psychiatrique. Des milliers de personnes ont subi ce genre de mesures, il était aisé de basculer au moindre faux pas.

Trop de tapage autour de ces personnes extra sens que les journalistes occidentaux veulent absolument filmer et interviewer, conduit à la fermeture du laboratoire public de bio information. Plus tard, en 1975, la section de recherche extrasensorielle de l'Université technique nationale de Russie Popov, est à son tour également close. Au cours des années suivantes, la section universitaire qui fut fermée, reprend son travail sous différentes appellations, avec plusieurs dirigeants successifs. Ainsi, de 1979 à 1984, le laboratoire de bio information, est dirigé par le professeur Alexandre Spirkin (Александр Спиркин), membre correspondant de l'Académie des sciences de l'URSS. Philosophe soviétique célèbre, ayant un fort intérêt personnel pour la médecine extrasensorielle, il couvre de respectabilité idéologique ce domaine de recherche hasardeux, donnant la possibilité d'un travail plus ou moins formel dans une institution scientifique d'Etat pour les médiums et les scientifiques. Dans le monde de la médecine, l'académicien Vail Kaznacheyev (Влаиль Казначеев), de l'Académie des sciences médicales apporte un soutien similaire aux chercheurs engagés dans l'extra-sensoriel en URSS, des scientifiques avec des renoms mondiaux. Parmi les autres organisations publiques et scientifiques travaillant sur la perception extrasensorielle également tenue par la Commission sur la bioénergie à l'URSS VSNTO (ВСНТО СССР) et NTO (НТО), la Société des Naturalistes de Moscou. Les scientifiques y étudient de manière approfondie les médiums russes connus, comme Rosa Kuleshov (Роза Кулешов), Ninel Kulagina (Нинель Кулангина) et bien d'autres. Tout ceci était en théorie une recherche purement civile, non militaire totalement officieuse en marge de la science traditionnelle. La presse officielle et scientifique Soviétique boycotte ce sujet dans toute l'Union. Il faut parler à propos d'un tel programme, parce que les hauts dirigeants de l'URSS se sont impliqués dans ce type de pratiques par la suite. Un des dirigeants les plus connus pour avoir ouvert la porte du kremlin à ces magiciens, voyants et extrasensoriels fut Brejnev, avec la sorcière Djouna. Nous constatons tant d'étrangetés dans ce monde soviétique, depuis toujours, le 13e département du NKVD (qui devint le KGB), fichait, interpellait et déportait les prêtres, et les devins. Ainsi Lavrenti Beria convoquait Wolf Messing au Kremlin afin qu'il rencontre Joseph Staline pour des séances de voyance divinatoire et en même temps envoyait au goulag d'autres parapsychologues, des prêtres aussi. Par la suite Wolf Messing travaillera aussi pour Nikita Sergueïevitch Khrouchtchev. Cet attrait pour le paranormal était aussi fortement enraciné dans l'esprit russe que l'était la ferveur religieuse en l'orthodoxie ou dans le parti soviétique. Une sorcière du nom de Djouna, Evgenya Youvachena Davitachvili (Евге́ния Юва́шевна Давиташви́ли) travaillera pour Leonid Brejnev sans doute sous les ordres de Youri Andropov, puis par la suite pour Boris Eltsine. Elle écrit un livre autobiographique en 1987, très populaire elle passera parfaitement à la télévision postsoviétique, atteignant une certaine notoriété qui la pousse à se présenter à des élections législatives, sans succès, on réalise un film cinématographique sur sa vie et à sa gloire tel un mythe cinématographique, car le spectateur interprète le film comme une réalité absolue.

https://ru.wikipedia.org/wiki/ Джуна

https://24smi.org/celebrity/496- dzhuna.html

La belle et séduisante Djouna meurt à la date qu'elle avait prédit des années auparavant :

http://www.ntv.ru/novosti/1424516/

https://www.kp.ru/daily/26391.5/326847 0/

http://www.chaskor.ru/article/legenda_o_dzhune_sekretnye_materialy_18691

À la fin des années 1970, Leonid Brejnev, secrétaire général du Comité central du PCUS, vivote dans un état de santé déclinant, l'âge s'est fait sentir, sa fatigue physique chronique, en plus de tout, Brejnev nécessite des soins, devient accro aux médicaments de confort. Tout commence avec une sorte de somnifère inoffensif et se termine par le fait que Brejnev terrorise ses médecins, le forçant à lui administrer

une dose de médicaments soit pour dormir, soit lui redonner de l'énergie etc...
Brejnev ne peut plus fonctionner correctement, ni même penser et parler
normalement, il est éreinté, totalement dépendant de ses médecins traitants. La
médecine ayant aussi ses limites, ses docteurs finissent par ne plus pouvoir aider
leur patient, seulement le soulager, de plus, le rythme des affaires de l'Etat aggrave
de façon critique son état physique général. Du début des années 70 et jusqu'à sa
fin, on engage une équipe médicale permanente pour lui seul, Brejnev dispose parmi
de nombreuses infirmières attachées au chef du Kremlin, d'une jeune femme d'une
quarantaine d'années, membre du KGB, du nom de Nina Alexandrovna
Korovyakova (Нина Александровна Коровякова). Nina Korovyakova est engagée
pour travailler au Kremlin en 1975, âgée d'environ quarante ans. Avant cela, la
femme est fonctionnaire dans le polyclinique № 4. Elle finit par entretenir avec
Brejnev une liaison sentimentale, il était si attaché à elle, qu'il parlait même de
l'épouser, mais elle ne divorce pas. Le mari de Nina était capitaine du KGB dans les
gardes-frontières, il fut promu général, pour l'éloigner de sa compagne et lui donner
une charge de travail qui lui laissait peu de loisirs. Nina reçoit un appartement de
trois pièces dans le prestigieux immeuble réservé aux membres du Comité central
du PCUS au centre de Moscou, est couverte de cadeaux, de manteaux de fourrures
et de bijoux. Lorsque Nina souhaite naturellement se libérer de ses obligations avec
le premier secrétaire du parti et dirigeant du pays, elle lui administre une forte dose
de somnifères pour la nuit, et rentre chez elle rejoindre son époux. Parfois Brejnev
n'émerge qu'une journée plus tard, il lui faut des doses importantes de stimulants
massifs pour le remettre debout. Le KGB tente de briser l'influence de Nina sur le
chef de l'état, dénonce même sa liaison à l'épouse de Brejnev qui ne donne pas
suite. A bout d'arguments, Youri Andropov le directeur du KGB se résout à
abandonner la campagne à l'encontre de Nina, pour ne pas déclencher d'avantage la
colère de Brejnev. Le KGB la surveille de près, au point d'en espionner Brejnev lui-
même, les agents apprirent que Nina Korovyakova, lisait tous les documents
officiels remis à Brejnev à leur insu, qu'elle se permettait de suggérer des décisions
au chef de l'Etat. Elle avait même l'intention de divorcer de son mari, et entretenait
avec Brejnev une relation intime dangereuse. La fille de Brejnev dit à son
compagnon, que Leonid Ilitch change de visage quand Nina apparait, comme sous
hypnose. Bientôt personne n'est plus dupe dans l'entourage du chef de l'Etat
Soviétique, mais le Bureau Politique s'en fiche, qui n'a pas de maitresse dit-on sous
le ton de la plaisanterie. Brejnev dans ses dernières années souffre d'insomnie, en
raison d'une faiblesse cardiaque, son médecin personnel Mikhail Kostyrev ne lui
prescrit jamais de somnifères, et jusqu'à présent, personne ne sait où l'infirmière
obtenait ses cachets, mais l'approvisionnement n'a pas été interrompu pendant de
nombreuses années. L'inquiétude du cardiologue et du médecin finirent sans doute
par accélérer le renvoi de l'infirmière, mais ce fut bien le KGB qui l'éloigne du
Kremlin, et remplace l'employée indélicate. Nina est transférée à la salle à manger
de la direction générale, comme diététicienne du Kremlin. Peu après, elle est
éloignée dans établissement médical modeste. Un jour on retrouve son époux
général décédé dans un accident d'automobile à Moscou en 1982, l'année de la mort
de Brejnev. Les détails de cet incident sont inconnus. Nina comprend le message, et
accepte l'invitation qui lui est faite, de prendre sa retraite anticipée, elle vit toujours
à Moscou de nos jours. Le reste de la vie de Nina Alexandrovna Korovyakova, se

déroule tranquillement, imperceptiblement, craignant pour elle et la sécurité de sa fille. Elle n'accorde qu'une interview forcée à des journalistes qui l'attendent caméra au poing sur le palier de sa porte, déjà âgée de plus de 80 ans, elle portait sur elle le dernier manteau de fourrure offert par Brejnev en gage de son affection. Brejnev séparé de sa bienaimée et infirmière miracle, en colère, affaibli, méfiant et vulnérable, est ravi à ce moment tragique de sa vie, de la venue de Djouna Davitashvilli. Son traitement extrasensoriel prit le complément du traitement médical classique de Brejnev, et cela a semblé aider. Leonid Ilitch se sent mieux, il s'est même murmuré dans son dos, que grand amateur de femmes, il l'aurait aussi conquis et protégé à son tour. Le KGB la considère moins dangereuse que Nina, on la lui laisse.

Les grands scientifiques ayant travaillé au laboratoire de l'IRE (ИРЭ), ne réalisaient pas une tâche particulièrement valorisante, mais l'excellent financement alloué pour ces études sur validation du chef de l'Etat Leonid Brejnev, fut miraculeusement selon eux : « un baril de miel ». Pour aider à étudier les médiums, le laboratoire spécial est de nouveau réouvert, Eduard Emmanuilovich Godik (Эдуард Эммануилович Годик), docteur en sciences physiques et mathématiques, est nommé à sa tête. En général, le programme est dirigé par l'académicien Yuri Vasilyevich Gulyaev (Юрий Васильевич Гуляев), dans ces années-là, membre correspondant, directeur adjoint de l'IRE (ИРЭ). Ces travaux intéressent aussi Yuri Borisovich Kobzarev (Юрий Борисович Кобзарев), académicien extrasensoriel et célèbre. Presque jamais en URSS, l'étude des médiums, n'a été menée à un niveau scientifique plus élevé. Ainsi, l'académicien Gulyaev fonde dans le labo, une toute nouvelle direction, acoustico-électricité, Gulyaev est par la suite nominé pour le prix Nobel plus de dix fois. À ce jour, dans chaque téléviseur et chaque téléphone mobile dans le monde on utilise des appareils basés sur ses découvertes et brevets. L'académicien Kobzarev est le fondateur de la radiolocalisation soviétique. Dans ce laboratoire, les étudiants et les diplômés de l'Institut de physique et technologie de Moscou Fistex (Московского физико-технического института Фистеха) ont travaillé à partir de ses recherches.

Nous pouvons parler d'exemples supplémentaires de coopération réelle entre le KGB et les médiums. En 1967, le jeune talent psychique Tofig Dadashev (Тофик Дадашев), commence à se produire sur scène. En 1973, dans le cadre de la délégation de l'Académie des sciences de l'URSS, Dadashev participe au premier Congrès international sur l'étude des problèmes psychotroniques à Prague, où de nombreux scientifiques reconnaissent qu'il est le médium le plus fort au monde. Naturellement cela attire immédiatement l'attention du KGB sur lui, et il est invité à coopérer. Dadashev accepte, mais posé la condition que son aide ne soit pas être dirigée contre des concitoyens non impliqués dans des infractions pénales. Taufik Dadashev, participe aux opérations de contre-espionnage du KGB, après qu'on lui ait fait passer un test probatoire grandeur nature en 1978. On lui demande de déterminer si l'un des touristes récemment arrivés à Moscou est un espion anglais. Cela se passe dans le Hall de l'hôtel "Russie", il parvient parmi un grand groupe de touristes étrangers, environ 150 personnes et dans l'agitation qui règne dans les lieux publics, à trouver un espion anglais, il était assis dans un fauteuil et reste stupéfait lorsqu'un groupe de policiers arriva sur lui.

Dans cette période 70-80, les services spéciaux soviétiques, tentent d'attirer presque tous les médiums connus dans le bloc soviétique, dans une coopération avec le KGB, au moins de temps en temps. Par exemple, ils se tournent vers le plus célèbre prédicateur du 20ème siècle, la clairvoyante Bulgarie Vanga Dimitrova. Dans cette collaboration ils passent principalement par l'intermédiaire des services spéciaux bulgares, à l'occasion, le KGB s'intéresse à certaines questions. Vanga, en règle générale, prédit avec précision le développement des situations politiques, par exemple, elle annonce les résultats des futures élections présidentielles aux États-Unis. Dans les cas où les questions posées sont incompatibles avec ses valeurs morales, elle évite d'y répondre en parlant une langue inconnue, et les services secrets Bulgares n'insistent pas. Mais il faut nuancer le tableau, en effet aucune impunité ou déviance n'était tolérée de la part des médiums, si on pouvait se servir d'eux, ils bénéficiaient d'un régime de faveur, dans le cas contraire, ils risquaient aussi le pire.

Selon le journal « Russia beyhond », dans un article d'Alexeï Makarov, Ioulia Bogatko, et Oleg Koronny, du 11 juin 2017 (Arzamas), en comptant ceux qui ont attiré l'attention du KGB (services de sécurité) les divergents, et dissidents, qui ont été invités pour un entretien préventif au KGB, sont de près d'un demi-million de personnes, les voyants ne sont qu'une poignée insignifiante d'individus dans cette masse sociétale, depuis les années 1960 aux années 1980. Avec ceux qui ont signé différents actes officiels, par exemple des demandes d'émigrer ou d'ouvrir une église ou bien un appel à libérer les détenus politiques, ils se comptent en dizaines de milliers de personnes suivies par le KGB. Mais en réduisant le mouvement dissident aux défenseurs des droits démocratiques, ils ne sont plus que quelques centaines. Le contrôle permanent de la population absorbait des ressources policières inimaginables. Officiellement, le pouvoir du soviet suprême, n'a jamais reconnu la présence de non-conformistes en Union Soviétique, la nation permettait une vie idéale à ses ressortissants, pleinement heureux et libres : « seuls les criminels ou les fous pouvaient se livrer à une activité dirigée contre l'État ». Cela englobait les défenseurs des droits de l'homme, toute activité s'opposant à l'idéologie d'Etat, ainsi que la propagande pour des sciences parallèles contradictoires avec les valeurs prônées par la communauté scientifique officielle. Une déviance risquait de mener n'importe qui en prison, voire pire. Dans ce contexte, les médiums connus Sergei Vronsky et Vladimir Safonov collaborent avec le KGB, de gré ou de force. Le général de brigade Georgy Georgievich Rogozin, officier du KGB dans les années 70, décrit le mieux cette situation, en 1990, il devient le premier chef adjoint du Service de sécurité présidentiel. Le général Rogozin atteint la notoriété comme astrologue et médium des services secrets russes. Devant des journalistes le général Rogozin (Георгий Георгиевич Рогозин), se souvient : « J'ai rencontré Sergei Vronsky (Сергей Вронский), au début des années 70. J'étais alors un jeune officier du KGB et, avec plusieurs autres officiers, nous sommes allés rencontrer le célèbre psychologue Vladimir Ivanovitch Safonov (Владимир Сафонов), pour résoudre des problèmes particuliers liés à nos activités professionnelles. Nous, nous sommes rencontrés pour la première fois, quand Safonov présenta Vronsky ». Naturellement, Vronsky, aida le KGB à éluder des questions opérationnelles relatives aux services de sécurité, très simplement, rapidement et calmement, sans demander de dédommagement pécuniaire. Rogozin se remémore un fait troublant : « Je me souviens d'une situation frappante, en notre présence, un homme est venu à Vronsky pour qu'il l'aide à chercher son neveu disparu. Nous sommes déjà sur le départ, mais Vronsky, s'agite soudainement, il nous a demandé de rester. Le visiteur avait un regard curieux, et Vronsky écoute attentivement son histoire, la façon dont le garçon a disparu, comment, tous ses, parents inquiets le cherchent. Le visiteur part au bout de 15 à 20 minutes, Vronsky, se tourne alors vers nous, et dit tristement : « C'était le tueur ». Il nous explique que le visiteur avait un but, savoir s'il y avait un danger pour lui, d'être découvert par le médium. Les officiers du KGB arrêtent cet homme et une enquête est menée, Vronsky avait raison : c'était le meurtrier ». Souvent le KGB lui adresse des questions de diagnostic médical, s'il y a des problèmes de santé avec le personnel du KGB ou avec des membres de leurs familles. Le KGB lui attribue un numéro de téléphone privé à son domicile afin qu'il puisse parler à ces parents, dont l'état de santé est préoccupant. Après une brève conversation Vronsky, peut non seulement diagnostiquer l'état de la femme ou l'enfant de l'employé du KGB, mais aussi fournir des recommandations spécifiques en relation avec la personne, dont on ne lui avait rien dit au préalable, et dont il devine tout. Officieusement il se dit qu'il fut nommé général du GRU (ГРУ), le renseignement militaire Russe, et qu'il recevait une pension de retraite à ce titre, mais les autorités n'ont, ni confirmé ni infirmé ces bruits de couloir journalistiques.

Le général du KGB Nikolai Alekseevitch Sham (Николай Алексеевич Шам), engagé dans le contre-espionnage industriel et scientifique à cette époque, lui aussi vint à diriger à un certain moment, toute la direction du KGB dans la médecine extrasensorielle et les nouvelles technologies non conventionnelles :

« Travaillant au KGB, j'étais presque toujours à l'avant-garde de tout ce qui était nouveau et avancé. Mais le sujet le plus intéressant que je devais traiter était lié aux propriétés spéciales des personnes, avec des capacités extrasensorielles ».

Son intérêt pour ces questions qui ne correspondaient pas à une compréhension commune des capacités humaines, lui est apparu dans la seconde moitié des années 1970. Cela peut sembler singulier, mais il gravite dans cette sphère en dehors de son travail principal. Une fois, lors d'une fête avec des amis, il rencontre Yuri Vladimirovich Noskov (Юри Владимирович Носков), un ingénieur dans le domaine de la technologie informatique, travaillant à Novossibirsk. Au cours de la conversation, il parle de ses capacités psychiques dans le diagnostic médical, démontrant les problèmes médicaux des personnes présentes au cours de la conversation. Il a aussi de puissantes capacités de guérison, soulageant la douleur et les crises cardiaques avec des passages énergétiques des mains, traitant de nombreuses maladies, s'occupe aussi de préparations d'herbes médicinales, d'infusions. Le général du KGB Nikolai Alekseevitch Sham, décide de l'introduire dans la sphère de la fusée, et le présente à Valentin Petrovich Glushko (Валенти́н Петро́вич Глушко́), le chef et concepteur général du projet « vaisseau spatial

Energia ». Glushko, propose à Noskov un travail, de diagnostic, et de suivi sur la santé des employés. Les résultats sont si impressionnants que Glushko commence à utiliser ces énergies extrasensorielles à des fins militaires défense décidant la création d'un laboratoire spécial pour développer de nouvelles armes spatiales de haute qualité. L'idée est d'amener dans l'espace, des générateurs spéciaux pour améliorer les énergies extrasensorielles, puis ensuite les orienter sur certaines zones de la Terre. Mais des suites d'intrigues internes, un autre scientifique le remplace à la direction des projets spatiaux Noskov est placé au chômage. En juin 1977, Glushko démissionne de son poste de directeur, il décède douze ans plus tard, le 10 janvier 1989, à l'âge de 81 ans, des conséquences d'une athérosclérose des artères cérébrales, il a est enterré au cimetière de Novodievitchi, à Moscou. On ne sait pas si l'avant-garde dans ce domaine fut à l'origine du licenciement, mais on le suppose fortement.

Le lundi 8 juin 2015, Evgenia Yuvashevna Davitashvili (Евгения Давиташвили), connue comme la grande guérisseuse Djouna (Джуна), décède, dans l'une des cliniques de la capitale, à l'âge de 66 ans. L'information de sa mort est publiée en gros titres dans la gazette « Komsomolskaya Pravda », confirmée par un ami proche, l'acteur Stanislav Sadalsky. L'ami de cette sorcière moderne, Stas Sadalsky, déclare dans une interview accordée au journaliste Dmitry Bykov : « Djouna cacha son âge véritable, officiellement, elle est morte à l'âge de 65 ans, elle est née en fait en 1935, pas en 1949 ».

Djouna est allée acheter de la nourriture dans le magasin à côté de chez elle, puis tombe au sol là-bas, l'ambulance la conduit directement de la rue Arbat jusqu'à l'hôpital, où elle demeure deux jours dans le coma. Evgenia Davitashvili s'était plainte de douleurs sous l'omoplate quelque temps auparavant, son cardiologue, Leo Antonovitch Bokeria (Лео Антонович Бокерия), diagnostique des problèmes avec les vaisseaux sanguins, une athérosclérose de l'artère carotide, avec obstruction à 90 pour cent. Le 26 mai 2015, elle est opérée, son sang ne circulait presque pas, ses mains étaient glacées, comme les mains d'une morte. Elle quitte l'hôpital le 2 juin, le lendemain elle tombe dans le coma dans un supermarché. Six jours après, elle en décède. Les funérailles de Djouna, ont lieu au cimetière Vagankovsky, la guérisseuse se trouve à côté de la tombe de son fils. Ses fans disent que pendant les adieux, ont commencé à se produire des expériences mystiques, autour de la guérisseuse, la foule ressent une aura mystique bienfaitrice, porteuse d'une puissante énergie. Certains ont même décidé que Djouna est vivante et, appellent une ambulance, d'autres offrent de placer un téléphone portable dans le cercueil. Les salariés du cimetière avaient encore peur d'elle, se souvenant que trois mois après l'enterrement de son fils, elle était venue en pleine nuit avec des fossoyeurs, Djouna ouvrit le cercueil et coupa une mèche de cheveux avant de le réenterrer à un autre endroit. Ils parlent encore de « sorcellerie ».

C'est avec ce surnom de sorcière, que la future guérisseuse bien connue, Djouna Davitashvili nait le 22 Juillet, 1949, il se dit aujourd'hui 14 ans plus tôt en 1935, dans le village d'Urmia, région de Krasnodar, terres de cosaques, fille d'un émigré Iranien, nommé d'Yuvas Sardis. Dans les années d'avant-guerre, il arrive d'Iran en Union Soviétique pour affaires, mais s'y marié et s'installe durablement dans un village, pour y travailler toute sa vie comme paysan dans la ferme collective du Kolkoze local. Yuvas Sardis détient un don, il peut prédire l'avenir, dont sa propre mort et transmet le don à sa fille. Selon la guérisseuse elle-même, sa relation fut difficile, conflictuelle avec sa mère, qui trouve sa fille trop étrange, elle punit souvent la jeune fille et ne lui portait aucune marque d'amour maternel. L'enfance et la jeunesse de Djouna sont difficiles, la famille vit très modestement, la jeune fille doit commencer à travailler dès 13 ans dans une ferme collective du Kouban. Elle s'exile pour se marier à Tbilissi, en Géorgie avec Victor Davitashvili. C'est là-bas qu'elle exerce ses premières années comme guérisseuse et sorcière. Son fils Vakhtang nait à Tbilissi, dans ces années heureuses. En 1980, le chef local du Comité de planification d'État de l'URSS Nikolai Baibakov, apprend qu'elle dispose d'un don de guérison unique. Sa femme étant très malade, il invite la guérisseuse à Moscou, espérant qu'elle pourrait l'aider. Djouna profite de l'opportunité pour abandonner à jamais son époux, partant pour la capitale de l'URSS sans intention de revenir en province. Djouna réussit à soulager la souffrance de la femme, et selon son souhait demeure à Moscou, embauchée dans le personnel d'une polyclinique, comme cela fut écrit à son sujet dans l'un des plus grands journaux soviétiques. Elle décide de ne jamais retourner avec son premier mari dont elle divorce. En 1986, elle se marie au producteur de musique Igor Matvienko en secondes noces, à cette époque il n'est pas encore populaire à la télévision, le mariage dure 24 heures, elle divorce le second jour. Les mauvaises langues étaient convaincues qu'Igor se maria par calcul, la carrière professionnelle de Matviyenko, s'est intensifiée avec la notoriété de sa liaison avec la guérisseuse. Le mariage pourrait même ne pas avoir été consommé, selon les mauvaises langues proches du couple.

Parmi les anciens patients de Djouna, Leonid Brejnev, Ilya Glazounov, Robert de Niro, Marcello Mastroiani, Juliette Mazina et Federico Fellini, Alla Pulgatcheva (leur relation amicale finit en pires amies du monde dès la première soirée), le Pape Jean Paul II (il la reçut en entretien), l'artiste Ilya Glazounov, Arkady Raïkin, Robert Rozhdestvensky, Sofia Rotaru, Vladimir Vysotsky, Sergey Bondarchuk et bien d'autres. Elle-même était une artiste créative, dessinatrice, chanteuse, elle monte plusieurs fois sur scène avec Igor Talkov et Andrey Derzhavin. Grâce à sa clientèle, des stars populaires, des politiciens et même des prêtres, Djouna devient la voyante guérisseuse la plus en vogue de l'époque soviétique. Le pays entier la voit au côté des grands de ce monde, elle passe à la télévision avec sa voix rocailleuse cassée, s'énervant, faisant des signes d'avertissement avec l'index de sa main droite. Elle incarne une grande guérisseuse, une mystérieuse femme portant toujours des vêtements noirs avec de nombreux bijoux de luxe. Aux festivités sur la Place Rouge, à la tribune des invités d'honneur, juste au-dessus du tombeau de Lénine, une voyante du nom de Djouna côtoie les présidents de grandes nations, c'est du jamais vu. Pendant longtemps, toutes les portes du Kremlin lui sont ouvertes, y compris les appartements privés de la présidence. En peu de temps, son nom devient connu en Russie, et bien au-delà de ses frontières. Des artistes célèbres peignent de nombreux portraits à l'effigie de Djouna, des poèmes enthousiastes lui sont dédiés, au point où des scientifiques de renom introduisent le terme « phénomène Djouna » dans le vocabulaire, pour expliquer les guérisons des magnétiseurs. Cette période riche dans les domaines extrasensoriels connaît son apogée sous la présidence de Leonid Brejnev (08 avril 1966 - au 10 novembre 1982). Léonid Ilitch Brejnev, nait à Kamenskoïe le 6 décembre 1906 et décède à Moscou le 10 novembre 1982. C'est un homme politique soviétique d'origine ukrainienne assez bon vivant. Devenu le chef de l'Etat soviétique et secrétaire général du Parti communiste, il a régulièrement recours aux services de docteurs, infirmières et à la légendaire astrologue guérisseuse Djouna Davitashvili. Sur la fin de sa vie sa santé était chancelante, mais ce n'est pas tout, il est très attiré par les femmes plus jeunes et belles, c'est sa grande faiblesse. En mars 1982, Brejnev est victime d'une crise cardiaque, elle finira par l'emporter en novembre 1982. Brejnev introduit Djouna dans le monde politique, elle aura notamment pour client le ministre soviétique des Affaires étrangères Édouard Chevardnadzé, en poste de 1985 à 1991. Comment reprocher aux citoyens de l'avoir placée sur un podium construit par leur intelligentsia gouvernante. Tout le monde savait que les dirigeants de l'URSS, depuis Staline, étaient passionnés par les phénomènes paranormaux, c'était un secret de polichinelle. D'un côté des travaux d'éminents scientifiques avec des médiums pour cobayes, de l'autre des dirigeants soviétiques versés dans l'occultisme. Les scientifiques d'Etat travaillèrent très tôt dans les domaines paranormaux, et ce, au sein des institutions de l'Etat, dès le début des années 60 des laboratoires existaient à Leningrad et à Moscou, fortement soutenus par le chef de l'Etat. Sous Brejnev, il y avait aussi ce groupe officiel de clairvoyants, composé de six personnes, dirigé par un membre correspondant de l'Académie des Sciences de l'URSS A.G. Spiridonov (Академии наук СССР А.Г. Спиридонов). Pendant que sa fille Galina se débauchait entre les bras d'acteurs connus et que son fils sirotait du Whisky en recevant des pots de vin, Brejnev nageait des heures pour se maintenir en forme pour tenter de séduire les dames, puis revenait vers sa voyante guérisseuse préférée pour des séances de magnétisation.

Après le premier signe de défaillance cardiaque en 1973, il exige des médecins un élixir de jouvence, mais ce n'est qu'entre les mains de la guérisseuse Djouna qu'il retrouve un peu sa santé à partir de 1978, grâce à des séances de magnétisation bioénergétique sans contact. Les chercheurs soviétiques établissent de manière incontestable, après des expériences menées en présence d'observateurs du KGB et de scientifiques, que leurs appareils de mesure enregistrent les émissions dégagées par les mains de Djouna, lorsqu'elle les passe très lentement au-dessus du patient, pour transférer sa propre énergie curative. Yevgeina Davitachvili, que tous les mondains moscovites connaissent sous le nom de Djouna, avait été introduite par Tsoukanov auprès du président du soviet suprême qui était malade. Née modestement dans la région de Krasnodar, au sud-ouest de la Russie, Evguenia Davitashvili, de son vrai nom, fut incontestablement une des guérisseuses et sorcières officielles du Kremlin, à n'en pas douter. Selon le producteur musical Igor Matvienko qui fut son mari, on la surnommait parfois le Raspoutine Féminin du Kremlin. Guérisseuse, médecin alternatif, extrasens, voyante et sorcière, elle était aussi peintre et poétesse. La guérisseuse, poussant parfois la chansonnette avec un certain succès dit-on comme chanteur amateur. Elle fonde en 1990 une Académie internationale des sciences occultes qui disparait avec elle. Devenue très célèbre dans ces années-là, passant à la télévision souvent aux cotés des puissants dirigeants de ce monde. Elle disparut de la scène publique, après la mort de son fils Vakhtang, dans un accident de voiture survenu en 2001, l'émotion de la perte de son fils lui fait perdre ses pouvoirs, d'autres la remplacent aux cotés des puissants.

La guérisseuse Djouna est constamment gardée, accompagnée de représentants du KGB, il y a des rumeurs d'ailleurs fondées, que son téléphone est placé sur écoute, beaucoup de micros sont régulièrement trouvés dans son appartement. Personne ne confirme officiellement cette information, mais Djouna cesse de parler de sujets personnels au téléphone. La vie quotidienne de Djouna se ponctue de consultations de personnes importantes, puis de tests dans les laboratoires scientifiques qui étudient ses pouvoirs, puis tard dans la soirée, passée minuit, des célébrités de la chanson et du cinéma, viennent la consulter jusqu'à l'aube, elle ne dort que très peu. À Moscou, elle dispose non seulement de fans, mais aussi d'amis. L'appartement de Djouna, dans la rue Arbat, ressemble à un salon de musique, c'est une femme hospitalière, que visitent toujours, les stars de la scène musicale, elles chantent aussi dans sa maison, on s'y amuse beaucoup, on partage la créativité. Elle a sa propre bande d'intimes composée entre autres, d'Igor Matvienko, Talkov, Mikhail Muromov et Derzhavin. Il est intéressant de noter que les activités de la guérisseuse étaient approuvées par l'église chrétienne Catholique et l'Eglise Orthodoxe, ce qui est un cas rare. Même à un moment où peu connue, elle tentait les premières guérisons de diverses maladies, à l'aide du massage sans contact. Le patriarche Pimen, Sergey Mixaïlovitch Izbekov, (Серге́й Миха́йлович Изве́ков), l'a invitée chez lui. Plus tard, il a souvent pris rendez-vous pour parler avec elle, pendant longtemps. Vladyka bénit Djouna pour ses bonnes actions, lui offre une montre en or, avec un bracelet orné d'améthystes, gage d'une certaine amitié. Elle finit par rencontrer en audience Jean Paul II, et le futur patriarche de Moscou, Kirill, lorsqu'il était jeune. Au Vatican, le Pape Jean Paul II, lui offre en cadeau un tableau de Marie-Madeleine, l'un des personnages religieux les plus énigmatiques et incompris de l'histoire, la prostituée pècheresse convertie par sa rencontre avec le Christ, Marie de Magdala. L'Évangile selon Jean écrit au plus tôt vers 90-95 en fait la première personne à avoir vu Jésus après sa Résurrection. À la fin des années 1980 et 1990, Djouna est incontournablement un des personnages médiatiques connus dans tout le pays, souvent invitée à ce titre sur les plateaux à la télévision. Djouna se rend souvent en consultation dans les ruelles, près de Prechistenka, dans ce quartier vivent de nombreuses personnalités religieuses, qui l'invitent souvent chez elles. C'est en 1981, qu'elle reçoit Vladimir Mikhaïlovitch Gundyaev (Владимир Михайлович Гундяев), recteur de l'Académie de théologie et du Séminaire de Leningrad, qui deviendra en 2009, le patriarche Kirill, chef de l'Eglise orthodoxe russe, le plus haut dignitaire spirituel du pays.

Dans ses dernières années Djouna Davitashvili perd totalement ses dons de guérison, ils la quittent après la mort tragique de son fils Akhtang en 2001. Selon des rumeurs, Vakhtang périt dans un accident de voiture, Djouna tente de le soigner, mais le don abandonne la guérisseuse, son fils décède sans qu'elle ne puisse rien faire. C'est une femme accablée de chagrin, qui va vivre désormais recluse chez elle. Après cette tragédie, elle ne donne plus d'interviews, se montre rarement en public. Son unique apparition à la télévision se situe en 2014, sur le plateau de l'émission « Seul Avec Tous ». Elle y apparait comme une femme qui a perdu le goût à la vie, agressive, amincie, parlait d'une voix rocailleuse, prononçant des mots avec difficulté d'élocution, les spectateurs sans pitié lui tiennent la dragée haute, ne lui épargnent aucun sarcasme. Le regard de Djouna est dur, sa souffrante intérieure est perceptible à chaque seconde, elle se lève marche en colère, gesticule avec véhémence. Dans un livre : « Mysticisme, le KGB et la psychiatrie », de Michael Buyanov, président de l'Académie psychothérapeutique de Moscou, des passages plutôt négatifs s'en prennent à Djouna et à ses confrères mystiques célèbres ou pas. Buyanov, un hypnothérapeute avec 45 ans d'expérience, publie en Janvier 2007, ce livre qui expose le mensonge accompagnant les activités des guérisseurs, voyants, prophètes et autres parapsychologues. N'avait-on pas dit un jour que : « Djouna ressuscita Brejnev ». Selon l'auteur, tout n'était que mystification. Djouna reçut plus de trente médailles et récompenses, parmi lesquelles, par un décret présidentiel d'avril 1994 signé par le président Boris Eltsine, l'ordre de l'Amitié entre les peuples, gratifiée héros du travail socialiste de l'URSS épinglant une étoile en or massif à sa poitrine, général de la marine, titre sous lequel elle fut d'ailleurs enterrée, habillée d'un uniforme neuf de général, elle est nommée docteur, sans jamais avoir suivi de cours à l'université. Etonnant destin, incroyable, qui la porte de la gloire à l'oubli dans un tourbillon médiatique extraordinaire.

Barskaia Lisa (Барская Лиза), une journaliste, relate dans la gazette Russe bien connue : « Seulement les Etoiles » N°10-2017 du 8 juin 2017, (Только звезды №10-2017), que la célèbre guérisseuse vivait dans un manoir de quatre étages, érigé dans une des ruelles adjacentes de l'Arbat, près du théâtre légendaire. Vakhtangov (Театра им. Вахтангова. Площадь). La superficie de ce bâtiment était d'environ 1200 mètres carrés avec le sous-sol. Elle possédait aussi un appartement de trois pièces dans ce centre de Moscou, beaucoup de peintures et une quantité énorme de bijoux luxueux s'y entassaient à même le sol. Pour les trois premiers étages du manoir, elle avait signé un bail à long terme avec la ville, payant un loyer de 500 000 roubles chaque mois, durant 25 ans. Elle fit construire le quatrième étage, plus tard, sur ses fonds propres, plus quelques subventions de l'adjoint à la Douma Vladimir Resin. Après sa mort, un musée à sa mémoire remplit tout ce quatrième étage, mais ses archives et ses cassettes vidéo, sur les bandes desquelles ont été enregistrés des moments de la vie de Djouna, et les consultations confidentielles avec les chefs du Kremlin, disparaissent, saisies par les membres des services secrets présidentiels. Le chauffeur de Djouna, Victor, à son service pendant 18 ans, dira que le manoir au cœur de la vieille ville historique de Moscou, était un bâtiment délabré de trois étages d'une superficie de 800 mètres carrés. Cela plaisait à la guérisseuse, malgré le fait que c'était dans un état terrible, littéralement tout était en train de s'effondrer. Après la mort de la sorcière, la dette pour la location du bâtiment est d'environ 6 millions de roubles. L'ami de Djouna, le chef de l'état-major de l'Union des forces cosaques de Russie, Valery Kamshilov, est prêt à tout payer. Mais les paiements n'ont pas pu être acceptés de lui, car l'Académie internationale des sciences alternatives (Международной академии альтернативных наук) que Djouna fonde en 1990 et y est domiciliée, n'a pas été enregistrée légalement. Le ministère de la Justice de la Fédération de Russie refuse de valider la reprise de cet organisme par une nouvelle direction, les institutions de l'Etat souhaitaient sans doute qu'un trait soit tiré sur Djouna et sa société occulte mystique Assyrienne. Mais peut-on réellement tirer un trait sur tout le passé quand politique, show bizz et voyants se confondent dans des relations complexes.

Selon Marina Obrazkova en janvier 2014, dans la revue « La Russie d'Aujourd'hui », les Magiciens et voyants sont des métiers prisés en Russie. Même si elle et d'autres ont disparu, la relève est assurée haut la main. C'est comme un nouveau mode de vie, car les Ruses dépensent deux fois plus d'argent pour les services de magiciens et de voyants que pour des soins médicaux à l'étranger. Aujourd'hui, en Russie, les nombreuses annonces dans les journaux, internet et dans la télévision, proposent tout un éventail de services surnaturels. Toutes les catégories socio-professionnelles font appel aux professionnels de l'occultisme. Le voyant parapsychologue aux dons héréditaires, Sergueï Chevtsov Lang, raconte au magazine SNC, que le prestataire de services magiques, demeure un des métiers les plus anciens et les plus prisés actuellement dans la Russie moderne. Aujourd'hui, la grande popularité du surnaturel provient des émissions de télé, où des personnes comme vous et moi, se placent en concurrence pour déchiffrer les mystères des accidents, des tragédies personnelles. La téléréalité l'emporte sur la raison des masses. Déprimés, désorientés, certains Russes ont abandonné la rationalité, pour se tourner vers la magie, selon Vladimir Ruvinsky, du quotidien russe Kommersant. Ainsi, un tiers des Russes pensent que les extraterrestres ont déjà visité notre planète. Même les croyances religieuses traditionnelles sont de plus en plus populaires. Presque 80% des habitants de la Fédération de Russie, se disent Chrétiens orthodoxes, mais seulement 40% croient en Dieu, et entre 4 et 7% assistent régulièrement aux offices religieux. En 2005, des membres de l'Assemblée municipale de Moscou demandent au parlement de modifier d'urgence la loi fédérale "De la protection de la santé des citoyens" de 1993. L'objectif de cet amendement, est d'interdire totalement la pratique de l'occultisme sur le territoire de la Russie. Ludmilla Stebenkova, la présidente de la commission chargée de préparer l'amendement de loi, est convaincue que la médecine populaire n'a rien à redouter. Ce sont en effet quelques 2.000 guérisseurs officiellement enregistrés en Russie, rappelle-t-elle, alors que les mages, sorciers et autres extralucides sont plus de 100.000. Ce sont ces dispenseurs de services mystiques et pseudo-religieux que vise le nouveau projet de loi. Le recensement officiel de novembre compte quelque 800.000 sorciers et magiciens en Russie, sans doute plus d'un million de tireurs de bonne aventure et de sorciers professionnels et amateurs dans tout le pays. Le document apportant des amendements à la loi sur la publicité interdisant la promotion des services magiques, est adopté en première lecture. La loi interdit seulement la publicité en faveur de la sorcellerie, le chamanisme et l'occultisme, tandis que les guérisseurs et la médecine traditionnelle ne sont soumis à autorisation qu'après déclaration auprès des autorités. En fait aucune loi n'interdit les pratiques occultes, et malgré tout ce tapage, les journaux publient de pleines pages publicitaires, les émissions de télévision invitent des sorcières ou mages pour des émissions où ils font leur réclame en direct, voilà dans les faits. Le boom de l'occultisme, fut observé en Russie à partir de la fin des années 80, sorciers et autres mages autoproclamés, ont habilement mis à profit le désarroi spirituel du pays, avec beaucoup d'opportunisme ils ont proposé leurs services. C'est difficilement croyable, mais on recenserait au moins un mage pour 1 500 habitants. A Moscou, une trentaine de centres et d'écoles de magie affichant des revenus mensuels de 60 à 120.000 dollars se multiplient, on dénombrerait entre 3.500 et 6.000, magiciens et voyants dans la capitale. Les autorités russes sont convaincues que les services dispensés par les occultistes sont de plus en plus dangereux sur le plan social. L'occultisme déprave les mœurs, enfonce les gens, surtout les jeunes, dans le monde de l'illusion et de l'irrationnel. L'église s'élève avec véhémence contre ce déferlement de magie blanche ou noire, elle a constitué à Moscou, un Centre de réhabilitation des victimes de l'occultisme.

LA PRESIDENCE BREJNEV ET LES OVNIS

Après des études pour devenir ingénieur métallurgiste, Léonid Brejnev adhère au Parti communiste d'Union Soviétique (PCUS) à l'âge de 16 ans, pendant la Seconde Guerre mondiale, il est commissaire politique Politruk, à l'âge de 35 ans. Elu Président du Præsidium du Soviet suprême, fonction de chef de l'État, à deux reprises, de 1960 à 1964 et de 1977 à 1982, les dix-huit longues années sous la direction de Léonid Brejnev, seront des années de stagnation économique et d'isolationnisme politique. Le règne fut long et interminable, fumeur, buveur, amateur de femmes, il traina sa longue maladie et sa dépendance à la fois à la gente féminine et à ses infirmières comme une agonie pathétique. Suite à une crise cardiaque en mars 1982, Léonid Brejnev finit par décéder, épuisé à l'âge de 75 ans le 10 novembre 1982 à Moscou, après 24 heures de silence total et de rumeurs, la mort de Léonid Brejnev, est annoncée par le gouvernement russe le 11 novembre.

C'est sous cette présidence particulièrement marquée par la guerre en Afghanistan, que le plus célèbre phénomène ovni survient en URSS, l'affaire de Petrozavodsk. En raison de ce cas, qui fut le plus documenté dans le monde, le dirigeant soviétique Leonid Brejnev, dut autoriser la prise des mesures pour enquêter, mais le sujet ne le passionnait guère. Ce n'était pas le cas de Youri Andropov, le chef du KGB, qui lui succède dans ses fonctions le 12 novembre 1982, comme Secrétaire Général du comité central du PCUS, puis le 16 juin 1983 comme Président du Présidium du Soviet Suprême. Andropov réalise un défi personnel majeur, de la recherche des ovnis en URSS. Lui aussi très malade, finira par succomber à 69 ans le 9 février 1984. Selon le rapport officiel, il souffrait de néphrite interstitielle, de néphrosclérose, d'hypertension secondaire, de diabète sucré compliqué d'insuffisance rénale, Andropov vit et travaille avec des reins malades pendant plus de 40 ans, mais avec son arrivée au Kremlin, sa santé diminue soudainement. A partir de l'automne 1983, il a quasiment dirigé le pays depuis l'hôpital. C'est également en début des années soixante, sous Brejnev, que l'Etat-Major de la marine et le KGB s'unissent de concert dans une stratégie pour collecter systématiquement tous les phénomènes ovnis observés par les unités de l'armée rouge. Officiellement les Ovnis n'existaient pas et ne pouvaient pas exister, toutefois ces extravagants vaisseaux aériens, pouvaient être des prototypes d'avions provenant de l'Ouest. L'institut de Recherches des Forces Navales est mis à contribution.

Dans cet étrange contexte, très officiellement, sans même être un secret, vingt ans plus tard dans les années 90, un laboratoire spécial de prédictions cosmo-astrologiques est exploité par ce très sérieux Institut de recherche des forces navales de Saint-Pétersbourg qui traite aussi des sujets plus sérieux, (Петербургского НИИ военно-морских сил действовала спецлабораториякосмоастропрогнозов). Le labo de cosmo-astrologie est dirigé par le capitaine de premier rang Alexandre Buzinov (Александр Бузинов). Son institut de recherche contenait dans sa structure, un centre de pronostic, dans lequel étaient rassemblés quelques clairvoyants et médiums particulièrement efficaces, provenant de toute la Russie. Le personnel du centre préparait des prévisions militaires-stratégiques, régionales et mondiales. Une fois par trimestre, ces prédictions, étaient réunies dans un dossier, puis envoyées à l'état-major général. Les prédictions concernant seulement la Russie, étaient collectées mensuellement. Aussi curieux que cela puisse paraitre, les prédictions avérées furent au bout du compte celles auxquelles les plus hauts dirigeants russes, n'accordèrent aucun intérêt. Après l'effondrement de l'URSS, toutes les leçons apprises sur l'utilisation de dons divinatoires dans les services spéciaux par les voyants, servirent pour la plupart d'entre eux, à se tourner vers la pratique privée, spectacles télévisés ou bien dans des salles de spectacles. Entre 1980-1990, dans des séances télévisées de guérison, un de ces praticiens de l'occulte, magnétisait les bouteilles d'eau ou de boissons gazeuses au travers de votre écran de télévision, jusque sur votre table, c'est le cas Chumak.

Allan Vladimirovitch Chumak naquit le 26 mai 1935 à Moscou, (Аллан Владимирович Чумак), 26 mai 1935 9 octobre 2017. Il déclare avoir reçu un nom américain, à la demande de son père, Vladimir Andreevich (1905-1964), qui travaillait comme interprète. Son frère aîné Robert (1927-1984) acteur soviétique, fut le premier mari de la chanteuse pop, Alla Ioshpe. Chumak suit un enseignement supérieur à l'Institut d'État russe de la culture physique, des sports, de la jeunesse et du tourisme (GTSOLIFK). Dans sa jeunesse, il s'engage dans le cyclisme, devenant membre de l'équipe nationale de l'URSS, mais n'obtient pas de succès significatif. Entre 1959-1960, il commence à travailler comme entraîneur dans la section vélo d'un institut de Moscou. Entre 1960-1962, il est employé par le Komsomol du Parti Communiste Soviétique du district de Zhdanovsky à Moscou, puis, après un conflit avec les dirigeants, il rejoint le conseil municipal des syndicats de Moscou. Il s'intéresse à cette période-là, au journalisme. Avant même d'être diplômé, Chumak rédige des essais pour le journal « Moskovski Komsomolets », employé par la télévision centrale dans les années 1963-1975 comme chroniqueur sportif présentateur de programmes. Puis il suit une formation en journalisme à l'institut Moscovite M.V. Lomonosov. A partir de 1965, Chumak devient commentateur sportif à la télévision d'Etat, puis entre 1975-1981, il obtient le poste de rédacteur en chef de la très officielle agence de presse Novosti, pour les rédactions concernant la RDA et la Pologne. En 1981-1983, il est correspondant du journal régional de Moscou Leninskoye Znamya. En 1983, Chumak quitte le journalisme pour exercer les fonctions d'assistant à l'Institut de Psychologie Pédagogique Général de l'Académie des Sciences Pédagogiques de l'URSS. En même temps, il guérit des personnes, donne des consultations à des patients atteints de diverses maladies. Après le début de la perestroïka et la levée de l'interdiction de telles activités, il organise des séances de guérison massives publiques télévisées. Malgré les mises en garde des médecins, sa popularité augmente, les séances de traitement attirent des millions de personnes sur les écrans. Dès 1988 Anatoly Kashpirovsky dit Chumak, obtient la célébrité, en magnétisant à distance de l'eau que les spectateurs placent devant leur écran de télévision. En août 1989, le programme du matin de la télévision centrale "120 minutes" diffuse quotidiennement dans toute la Russie ses séances d'une durée de 8 à 10 minutes. En 1990, Chumak fonde la société "Allan Chumak", engagée dans la vente de boissons et de crèmes. Mais cette année-là sa popularité décline, en octobre 1992, ses démonstrations publiques payantes de

44

guérison n'ont pas rassemblé plus de 200 personnes. Malgré cela, jusqu'en 1995, le programme de télévision avec sa participation continue à se diffuser, mais avec une audience plus réduite, sur la chaîne de télévision Moscovite. Par la suite, Chumak voyage pour remplir quelques salles dans toute la Russie. Dans les années 2000, il publie des vidéos sur Internet. De 1998-2007, il fut président de la « Fondation publique régionale pour la promotion de la recherche sur les phénomènes sociaux et anormaux ». Cela ne l'empêche pas de se présenter aux élections pour la Douma le 19 décembre 1999, dans le district n ° 152, de la région de Samara. À la suite du vote, il obtient la cinquième place, avec 3.27% des voix, mais n'a pas été élu député au parlement de la Douma. Selon l'opinion que porte Alan Chumak sur l'activité des guérisseurs et des psychiques, dont la sienne aussi, il précise dans une interview avec Kommersant FM en 2017 : « la plupart des guérisseurs sont des patients de nos hôpitaux psychiatriques ».

Chumak avait un rival sérieux en l'illusionniste, présentateur de télévision et parapsychologue Yuri Longo, (Юрий Андре́евич Ло́нго), lui aussi, gagne une grande popularité au cours des années de perestroïka en raison des séances de magie télévisées. Il se faisait appeler "maître de la magie blanche", devenant co-auteur puis coproducteur du programme de télédiffusion « Le troisième Œil ». Connu dans le rôle de « l'homme mort ressuscité ». L'artiste, prétendait être revenu à la vie après être décédé. Yury Andreevich Longo, de son vrai nom Golovko, nait le 23 septembre 1950 dans le village de Nezamayevskaya Krasnodar. Ses parents sont enseignants d'une école de village dans le Kouban, sa sœur professeur de mathématiques. Il étudie dans une école d'art, mais n'a jamais fini les cours. Sans éducation ni diplôme, il part à Moscou, pour entrer dans l'atelier de théâtre du KGB. Il obtient un diplôme en psychologie de l'Université de Leningrad (fait contesté). En fait, après une période scolaire ratée, il obtient un certificat professionnel d'une école technique et devient conducteur de train. Le futur mage pratique des tours de cartes dans une école du cirque de Moscou, avec Gennady Gontcharov, chef de l'école d'hypnose. Puis Yuri s'enhardit et organise des séances publiques de guérison, dans la salle de l'Orchestre philharmonique de Moscou, où il s'invente le nom de scène « Longo » en l'honneur du célèbre artiste de cirque. En 1990, le guérisseur créé « l'École internationale des sorciers et des sorciers de Moscou », qui développe par la suite des filiales en Allemagne, aux États-Unis, en Australie et en Israël. Dans les dernières années de sa vie, Longo verse totalement dans la magie. Selon les rumeurs, parmi ses clients on comptait même des chanteuses comme Madonna et Patricia Kaas. Il est officiellement marié trois fois. Le 17 février 2006, Longo décédé subitement d'un anévrisme de l'aorte. Selon sa secrétaire Alla Mikhailova, il fut empoisonné par du Caviar Noir, que lui offrit une femme inconnue. Le 20 février il est enterré au cimetière Vostryakovskoe à Moscou, après avoir été baptisé post mortem dans l'église orthodoxe de Saint Nicholas à Khamovniki. L'héritage de Yuri Longo en février 2006, était estimé à 1,5 millions de dollars.

Dans les années 90, dans presque chaque petite ville, tous les mois, en règle générale, dans la plus grande salle de la Maison de la Culture ou de la Société Philharmonique, il y avait une tournée extrasensorielle dans laquelle quelqu'un comme Maria Stephanie, Kashpirovsky, Rada, Rozanov, Vesta et d'autres, faisaient de la voyance en direct. De plus, l'entrée de tels événements, en règle générale, était gratuite, ce qui attirait des milliers de spectateurs, les séances étaient parfois tenues plusieurs fois par jour.

A la fin de son service dans les rangs du KGB, Valery Razorenov Rozanov retourne à Ryazan en 1987, réalisant des tournées de spectacles dans toute la Russie. Anatoly Kashpirovsky (Анатолий Кашпировский) nait le 11 août 1939, dans la ville ukrainienne de Proskourov, aujourd'hui la ville de Khmelnitski. Pendant la Grande Guerre patriotique, son père était au front, lui, vivait avec sa mère, son frère et deux sœurs. Ils furent évacués au Kazakhstan lors de l'avancée allemande. Après avoir été diplômé de l'Institut Médical Vinnytsia, le futur opérateur de télécommunication travaillé pendant un quart de siècle dans un hôpital psychiatrique. En 1987, avant le début de son incroyable carrière, Kashpirovsky s'inscrit comme médecin-psychothérapeute de l'équipe nationale d'haltérophilie de l'URSS. Le médecin-psychothérapeute, Anatoly Mikhaïlovitch Kashpirovsky devient célèbre en 1989, devant les écrans de télévision, soutenant que l'hypnose, même à distance, peut affecter le patient afin qu'il ne ressente aucune douleur. Quelques autres téléconférences et télédiffusions plus tard, des anesthésies à distance fonctionnent dit-on. Les émissions avec sa participation sont très populaires et battent toutes les cotes d'audience télévisuelle. Il se dit qu'il guérit de diverses maladies environ dix millions de personnes. Selon des témoignages, en 1995, Anatoly Kashpirovsky prend part aux négociations entre les forces fédérales et les terroristes ayant pris des otages dans un hôpital de la ville de Budennovsk. Il négocie personnellement avec leur chef, permettant la libération des patients séquestrés. Peu de temps après, Kashpirovsky déménage pour vivre aux États-Unis, il y traité de tout, de l'hypertension à l'obésité. Quelques années plus tard, il revient en Europe, continuant à réaliser des tournées mais la fréquentation n'est pas au rendez-vous. En 2009, Anatoly Mikhaïlovitch retourne en Russie, mais il ne lui est pas possible de répéter son succès triomphal d'il y a vingt-cinq ans en arrière. Il passe de nouveau à la télévision dans des émissions destinées à faire des démonstrations extrasensorielles décelant occasionnellement les impostures de ses confrères en direct. Un jour, un scandale éclate, les membres du clergé orthodoxe des territoires de Stavropol et de Krasnodar recueillent des signatures de citoyens dans une pétition collective, exigeant que les conférences du psychothérapeute soient interdites A la suite de quoi, les réservations de salles et les conférences extrasensorielles sont annulés dans certaines villes, sans pour autant empêcher définitivement Anatoly Mikhaïlovitch Kashpirovsky, de maintenir ses tournées de sessions curatives publiques, dans différentes parties de la Fédération de Russie.

Certains faisaient une carrière exemplaire au sein des organes de l'Etat les plus secrets Valeriy Rozanov, (Валерий Розанов), un des psychiques attitrés du Kremlin nait à Leningrad, ou selon d'autres sources à Ryazan. A la fin des années 1960, âgé de 18 ans, il s'engage dans l'armée, servant au sein des troupes du KGB dans les pays Baltes à Riga. Il y est reconnu comme le meilleur analyste du KGB, deux ans plus tard, il a seulement 20 ans, quand il est envoyé comme cadet au cours de l'Académie du KGB à Kiev KBG "Gvozdika" (Киевские курсы КБГ - Гвоздика).

Le fondateur de ces cours était un scientifique psychique bien connu, Sergey Alekseevitch Vronsky (Сергей Алексеевич Вронский). Il travaillait en relation avec le ministère de l'intérieur depuis 1955, dans un laboratoire top secret du KGB, où tout ce qui était enseigné demeure encore inconnu de nos jours, Vronsky a donné des prévisions précises des événements futurs dans le pays et à l'étranger depuis 1960 jusqu'à l'effondrement de l'URSS en 1991. A la fin de sa carrière, il vivait à la Cité des Etoiles, dans la banlieue de Moscou en prédisant les bonnes dates pour des lancements de fusées orbitales réussies. Réalisant parfois les horoscopes des astronautes. Sergei Alekseevich Vronsky décède en janvier 1998. Selon un article de Julia Molchanova dans la revue №12, du Bulletin de Géopolitique : « Dans ces mêmes années 90, Valery Razorenov Rozanov a suivi des cours à court terme dans l'institut basé à Leningrad, KGB Okhta (401-ème école), ainsi que le la haute académie du KGB « Objectif Yurmala » dans la région de Moscou à Zvenigorod (В те же 90 годы Валерий Разоренов- Розанов окончил краткосрочные курсы КГБ в ленинградской Охте ("401-я школа"), так же в ВШК КГБ (на факультете - "объект "Юрмала" в Подмосковье в Звенигородском районе). Le devin Valery Rozanov Razorenov, passe ensuite au travail de consultation à son cabinet. Il obtint pas mal de succès auprès de ses clients, se vantant même d'avoir eu en plus de son don de clairvoyance, une bonne formation dans le centre de formation du KGB, c'est ce qu'il témoigna dans plusieurs livres qu'il écrivit. Il est dans la droite tradition des voyants suivis et formés par le KGB de se voir choyés par une attention particulièrement paternaliste, ils lui demeurent éternellement redevables.

Selon son habitude, le KGB rédigeait des rapports qui n'étaient que des assemblages d'informations, de faits avérés totalement dépourvus de conclusions. Ils ne prenaient jamais le risque d'écrire des formules qui auraient pu aller à l'encontre de l'idéologie politique du PCUS en place au Kremlin. Le KGB savait sentir l'air du temps, se tourner dans le sens du vent. Lorsque les présidents Russes s'entourèrent de mages, le premier cercle des agents de sécurité présidentiels, tous issus du KGB, furent eux aussi, d'éminents parapsychologues et occultistes. Plus tard lorsque leur chef Andropov, directeur du KGB de 1967 à 1982, devint président en 1982, et qu'il s'intéressa aux Ovnis, ce dernier sujet devint à son tour une source d'intérêt majeur pour les tchékistes de la Loubyanka. Le 14 juin 1980 à quatre heures du matin, l'officier de garde du KGB reçoit un appel sur la ligne rouge du président, Youri Andropov le directeur du KGB en personne, déclare avoir vu un objet volant étrange et impossible à identifier, il demande des explications. Un ovni vient d'être observé depuis 22h30, près de la ville de Toula, presqu'à la verticale du village natal de Léon Tolstoï, Iasnaïa Poliana (Ясная Поляна), à 12km au sud-est de Toula, dans la campagne, et à 120 km au sud de Moscou. Un objet volant sphérique très volumineux, lumineux remonte vers le nord, se dirigeant vers la capitale Moscou à environ 150 km. Iasnaïa Poliana est un grand domaine rural dont Léon Tolstoï hérite à la mort de sa mère. La tombe de Tolstoï s'y trouve. Le domaine enclavé à 12 km au sud-ouest de la ville de Toula. Vers le milieu de la nuit la capitale est traversée par une sphère de lumière lévitant à vitesse et hauteur constante. Les radars de défense aérienne n'ont rien perçu sur leurs écrans, mais des milliers de personnes observent son déplacement. Un peu plus tard, Gindilis, qui est l'astronome de service de garde pour la nuit à l'Observatoire de Moscou peut nettement observer le déplacement de l'OVNI. Pendant ce temps, les radars aériens ne détectent strictement rien. Malgré tout, en raison du nombre incessant d'appels émanant d'observateurs, l'alerte est donnée, l'armée de l'air suppose au survol d'un avion espion américain. Lorsque les MIGS décollent à sa poursuite, l'OVNI est déjà au-dessus de l'aéroport principal de Moscou, dont la tour de contrôle se demande s'il faut annuler tous les décollages. La tour de contrôle s'interroge, se peut-il qu'un quelconque missile puisse leur tomber dessus, la panique est totale. La boule lumineuse est observée de près, les témoins voient une couronne lumineuse s'extraire de la sphère, en sortir lentement, c'est comme une méduse géante, un peu comme le phénomène de Pétrozavodsk en septembre 1977. Quatre rayons lumineux sont projetés au sol depuis la couronne lumineuse, comme de puissants projecteurs, puis lentement l'OVNI s'en va, laissant derrière lui une trainée de lumière extraordinairement brillante. Durant la phase d'éloignement, trois soucoupes volantes en sortent, elles sont prises en chasse par les avions d'interception de l'armée de l'air, mais les soucoupes disparaissent dans une accélération inimaginable. Andropov lui-même est le témoin oculaire de l'évènement, il en perd le sommeil pour des années, cela devient une obsession, on peut affirmer qu'il crut aux extra-terrestres jusqu'à la fin de sa vie. Il fait nommer une commission spéciale chargée d'enquêter sur cette nouvelle arme occidentale. Bien que cela n'ait pas de valeur scientifique, le déplacement sur 150 kilomètres, d'une boule qui crée un anneau, puis qui s'en détache, et dont trois soucoupes s'en éloignent, est quand même assez incroyable en soi. Dans un entretien auprès de la presse en 1995, le professeur Ajaja, célébrèrent connu comme éminent ufologue, déclare que plus de dix mille témoignages oculaires circonstancies sur cette observation, parvinrent aux autorités, et seulement deux milles furent consignés dans des rapports de police. Depuis 1978, le KGB est déjà sur le pied-de guerre contre les survols de la nation par des engins non identifiés, trois ans plus tard, après le phénomène Pétrozavodsk, tout prend des proportions inattendues, Andropov ordonne au tout puissant KGB Garde-Frontière qui engageait 91 800 permanents en 1961, (lors de la fin de l'URSS en août 1991, il comptait 220 000 membres), de faire remonter chaque observation et si une opportunité survient, d'abattre l'intrus par tous les moyens en leur possession. Finalement l'ordre est étendu aux forces armées du pays tout entier. Si la voyance et l'occultisme furent les dossiers d'un nombre infime de membres du KGB, le phénomène ovni quant à lui, toucha toutes les structures du célèbre service de renseignements à la fois. En janvier 1980, le chef d'état-major général des forces armées soviétiques, diffuse dans toutes les unités militaires la directive qui fournit des instructions pour la mise en œuvre du programme d'enquête sur le paranormal. Cette dernière permet la collecte d'informations sur les ovnis, selon un potentiel d'observation sérieux au sein de l'armée soviétique, et presque sans aucun investissement financier. Chaque soldat, peu importe où il était, sans le savoir, devient un participant potentiel du programme, dans le cas d'observation d'un phénomène inhabituel, il écrit ce qui s'est passé sous la forme prescrite par la directive et la signale aux autorités pour rendre compte de ce qui s'est passé. En fait, ladite directive étendue à l'armée, met en place un protocole d'observation de masse au service de surveillance des phénomènes anormaux sur tout le territoire de l'URSS.

Igor Sinitsin, l'assistant d'Andropov au Politburo pendant six ans, écrivit dans ses mémoires qu'en 1977, il découvre qu'Andropov garde un dossier sur les phénomènes ovnis dans son bureau. Il est de notoriété publique qu'Andropov avait des insomnies provoquées par la survenue d'objets volants non identifiés, une menace inconnue qu'il prenait très au sérieux. A l'époque, en Union Soviétique il y a eu un immense objet non identifié dans le ciel de Petrozavosk. Le 20 septembre 1977. Sinitsin, compile un condensé résumé à Andropov sur ce sujet, traduisant la presse étrangère quotidienne comme le magazine allemand Stern, à propos des ovnis. Le chef du KGB. Andropov, tend à Sinitsin, le rapport initial provenant de la 2° direction du KGB, dont les feuillets demeuraient en permanence dans un tiroir de son bureau. Le dossier décrit un groupe d'officiers participant à une partie de pêche, vers Astrakhan. Un des officiers avait eu des lésions au bras après avoir été exposé à un rayon lumineux. En raison de ces phénomènes et beaucoup d'autres, en cette année 1978, deux comités sont établis pour enquêter sur les ovnis (SETKA AN-SETKA MO), un militaire et un civil. Sous l'impulsion déterminée d'Andropov il est ordonné à quatre millions de soldats soviétiques de déposer des rapports détaillés de toute observation d'objet volant non identifié. Le programme conduit à des centaines de milliers d'observations enregistrées au cours des 13 années qui ont précédé son abandon, avec l'effondrement de l'Union soviétique en 1991. Youri Vladimirovitch Andropov (Ю́рий Влади́мирович Андро́пов), meurt le 9 Février 1984, à 16 heures 50 minutes, au siège du KGB, on fait arrêter toutes les horloges qui marquent l'heure de sa mort, par la suite personne ne donne l'ordre de les refaire fonctionner, elles demeurent arrêtées pour toujours encore aujourd'hui. Le culte qui lui est voué est encore immense, il fut le premier tchékiste à la tête de la nation, le second est Vladimir Poutine. Une plaque en bronze du portrait d'Andropov est insérée sur le fronton de la façade du bâtiment du KGB, sur la gauche vers l'entrée numéro 2 de la place Loubyanka.

Une version de sa mort fait débat de nos jours, il y aurait eu une conspiration criminelle du docteur Yevgeny Chazov, médecin en chef du Kremlin et du président du KGB de l'URSS Tchebrikov. Andropov n'est pas mort d'une insuffisance rénale, mais d'une intoxication mortelle par le sang. Selon une autre version, ce serait l'œuvre de Svetlana Schelokova, l'épouse du ministre soviétique, Schelokov qui dirigeait les organismes d'application de la loi. Le couple était corrompu n'hésitant pas à piller et s'accaparer avec avidité, tout ce qu'il pouvait. Pour les Jeux olympiques de 1980 à Moscou, la société allemande Mercedes expédie six nouvelles voitures de luxe en URSS, pour les offrir aux dignitaires de l'Etat, trois voitures furent immédiatement prises et distribuées par Schelokov au sein de sa propre famille. En décembre 1981, dans son appartement de l'avenue Kutuzov, l'actrice Zoya Fedorova est assassinée. Les rumeurs de Moscou, colportent que ce meurtre avait été commandité par l'épouse du ministre, Svetlana Schelokova souhaitant obtenir le collier que l'actrice avait eu en cadeau d'un riche amant étranger. Svetlana Schelokova est très proche de Galina Brejneva, toutes deux achètent des bijoux, parfois des diamants et spéculent, les revendant à un coût plus élevé. Sous Brejnev, les prix des bijoux en or les pierres précieuses augmentent régulièrement. Svetlana Vladimirovna Schelokova et Galina Leonidovna Brejneva, avaient mis sur pied une petite société illégale, le chiffre d'affaires s'élevait à des centaines de milliers de roubles. Ces deux femmes étaient intouchables, les forces de l'ordre ne pouvaient même pas se rapprocher d'elles. L'affaire prenait de l'ampleur, des rumeurs circulaient à de Moscou qu'une tentative de meurtre, avait été perpétrée sur Yuri Andropov. Il aurait été blessé au ventre par balle. Selon Raïssa Gavrilovna Starostina, femme de ménage d'Andropov dans son appartement numéro 26 sur l'avenue perspective Kutuzov, immeuble où vivaient tous les principaux habitants du pays. Elle témoigne à la police, relatant qu'elle avait vu de ses propres yeux comment l'épouse du ministre de l'Intérieur, Svetlana Schelokova, tenta de tuer Yuri Andropov. Svetlana Schelokova, attendit le secrétaire général, elle et son mari habitaient le même immeuble que le couple Andropov, elle prit l'ascenseur en même temps que lui, puis dès que l'ascenseur commença à monter, des coups de feu retentirent. Après l'arrêt de l'ascenseur au sixième étage, Andropov rampa jusqu'à sa porte puis appela la sécurité. Pendant ce temps Svetlana Schelokova monte à son appartement et se suicide d'une balle dans la tempe. Selon cette version de l'affaire, le 6 novembre 1984 Schelokov est privé du grade de général sans procès. Le 10 novembre, jour de la milice, il est également privé du titre de héros du travail socialiste, il se rend compte que cela va mal finir et appelle de son initiative pour proposer de rendre volontairement tous les ordres et médailles obtenus. Schelokov suggère qu'ils prennent tout eux-mêmes, et en restent-là. Le 12 novembre, on perquisitionne son domicile, une saisie est faite de 124 peintures de maitres dignes de la galerie Tretyakov. En outre, de l'argent et des bijoux sont trouvés. Les enquêteurs notent que les lustres en cristal sont placés même dans la salle de bain et les toilettes. Schelokov confus répond à toutes les questions, qu'il ne sait pas d'où tout cela provient. En décembre 1984, des journaux annoncent à des millions de citoyens soviétiques que le ministre de l'Intérieur de l'URSS, Nikolaï Schelokov, est privé du grade de général de l'armée, bien qu'il ait occupé ce poste pendant seize ans. La richesse saisie est estimée à un demi-million de roubles. Toutes sortes d'abus commencent à surgir au grand jour, dans lesquels le ministre de l'Intérieur est impliqué. En conséquence, Schelokov, déshonoré, est démis de ses fonctions, mais sachant parfaitement que l'affaire ne se limitera pas à une démission, il préfère le suicide au déshonneur national ou à la prison, voire à l'exécution. Le 12 décembre, il rend visite à ses parents et amis. Le 13 décembre, il porte son uniforme, boit du café au cognac et se tire une balle dans la tête. L'épouse du chef de l'Etat, Leonid Brejnev n'est pas inquiétée et disparait des minutes de l'enquête.

Sous sa présidence, Leonid Brejnev (1964 – 1982), prit des mesures pour enquêter sur les ovnis, pourtant historiquement dans les faits on attribue toutes les actions dans ce sens, à son successeur Youri Andropov (président de 1982 à 1984) sans doute car il était à la tête du KGB durant cette période de 1967 à 1982. Mais contrairement à ce que certains peuvent penser, c'est bien le renseignement militaire naval qui prit le pas sur le tout puissant KGB à cette période en ce qui concerne, l'enquête globale sur les ovnis, même si Andropov et ses troupes des KGB gardes-frontières semblèrent mener parallèlement de tels travaux d'observations.

La directive de l'Etat-Major de la marine concernant l'observation ovni définit comme acteur principal du programme, le 22° Institut central de recherche TSNII (ЦНИИ 22 Центральный научно-исследовательский институт). Le ministère de la Défense se charge de centraliser et collecter, pour traitement et analyse toutes les informations reçues au sujet d'ovnis au sein des forces armées. L'Institut de recherche militaire NII (НИИ военные научно-исследовательские институты), responsable de l'exécution du programme dans chacune des cinq branches des forces armées, interagit en coordination avec l'Institut central de recherche responsable du programme dans son ensemble. L'obtention de l'information issue des forces armées sert pour établir les premières bases de données d'OVNIS. Le chef scientifique de la direction militaire du travail de recherche, fut nommé en la personne du directeur de l'Institut central de recherche, un spécialiste de premier plan dans le domaine de la recherche sur les effets des rayonnements et d''autres facteurs préjudiciables sur le matériel militaire V.P. Balashov (В.П. Балашов). Pour mener à bien des recherches directement dans l'Institut du Centre de Défense, il forme un petit groupe d'experts militaires et civils, au nombre de 4 à 5 personnes, puis organise la distribution des sujets de recherche de la branche militaire du Setka MO. Emanant des différents types de troupes, ainsi que des institutions scientifiques du secteur industriel de la défense, le nombre total d'enquêteurs est d'environ 15 personnes. La coordination de la recherche paranormale entre le ministère de la Défense et l'Académie des sciences est donnée au colonel B.A. Sokolov (Б.А. Соколов), ce dernier travaille dans une soi-disant section des problèmes appliquée (Секции прикладных проблем). C'est lui qui lors de la chute de l'URSS en 1991, vole les archives, les transporte dans sa datcha, en vend une partie, puis incinère le reste des documents, car selon son épouse cette masse de paperasse immense tient trop de place dans la datcha. La tête de l'organisation Setka AN, est allouée à l'Institut du magnétisme terrestre de l'ionosphère et de la propagation des ondes radio de l'Académie URSS IZMIRAN (ИЗМИРАН). Le chef de cette direction de recherche est l'académicien V.V. Migulin (В.В. Мигулин), académicien de l'Académie des sciences de l'URSS, chef de la recherche OVNI en URSS. Pour travailler directement sur le sujet, il met sur pied un groupe de travail composé de quatre membres dirigés par Y. V. Platov (Ю.В. Платов) suivant leurs directives et dès le début de la mise en place de ce groupe le nom spécifique « observation d'ovnis » est rayé des rapports pour devenir « observation des phénomènes anormaux » (а. я. аномальных явлений).

En 1979-1980, la Division de physique générale d'astronomie de l'Académie des sciences de l'URSS, et le Comité d'Etat et le ministère de la défense, adressent leurs directives pour l'organisation d'observations des phénomènes anormaux, la collecte et la compilation de documents. Le Comité d'Etat, confie à l'Institut de recherche géophysique appliquée et à l'Institut de recherche Arctique et Antarctique AANII (Институт прикладной геофизики и Арктический и Антарктический научно-исследовательский институт ААНИИ), qui comprend 21 unités de recherche, la poursuite des travaux. L'institut est dirigé de 1960 à 1980, par Treshnikov Alexei Fedorovich, académicien, océanographe, géographe, puis de 1981 à 1992 par le docteur Boris A. Krutskikh, océanographe. Toutes les études ovnis sont considérablement réduites et minimalisées, pour ne recueillir que des données sur les observations de ces objets et leur impact sur l'environnement.

Comme les principales théories sur l'origine des ovnis l'Académie des sciences de l'URSS considéré comme les phénomènes possibles suivants :

1. Les ovnis sont un produit de l'activité humaine, à savoir, ces phénomènes sont d'origine anthropique.

2. Les ovnis sont le produit de processus naturels qui se produisent sur la Terre, dans l'atmosphère et à proximité de l'espace, sur l'hypothèse d'une origine naturelle des phénomènes anormaux.

3. Les ovnis sont une manifestation des activités des civilisations extra-terrestres.

Bien sûr, la troisième théorie dérange fortement. Il convient de noter que dans les documents officiels, il n'est pas fait usage de l'abréviation OVNI, au lieu de cela, est utilisé le terme d'anomalie. Comme l'expression est conforme à la nature des effets observés, plus plausible qu'objet volant non identifié, tous les documents de cette époque comportent le terme « anomalie », avec les lettres d'abréviation A. YA. (AЯ) pour phénomènes anormaux (аномальных явлений).

Le 26 avril 1990, le premier dirigeant de l'Union soviétique abordant publiquement la question des ovnis lors d'une rencontre avec un collectif industriel de l'Oural (коллективом Уралмашзавода), est M.S. Gorbatchev, déclarant qu'à sa connaissance, il y a des équipes de recherche engagées dans l'étude de ces phénomènes. Paradoxalement, cette même année 1990, l'étude de l'Etat dans le programme sur les phénomènes anormaux et les ovnis est fermée, les budgets une fois de plus supprimés.

Si des récapitulatifs du programme SETKA ou GLAXY-GALAKTIKA ou encore, HORIZON, furent publiés dans la presse, accompagnés de quelques conclusions de la commission d'enquête, peu de personnes n'a réellement pu accéder aux dossiers secrets originaux, dans ce second volet consacré aux dossiers secrets du KGB, nous allons ici ouvrir ceux du renseignement militaire de la marine. Tout d'abord d'où proviennent ces documents ? Ils ont été déclassifiés en 2008, issus du fonds des archives de la Commission d'enquête Océanographique de l'Académie des Sciences d'URSS sur les ovnis Setka AN SSSR (архивы Секции подводных исследований Океанографической комиссии АН СССР) (СЕТКА AH CCCP). D'autres sont de la section pour l'étude des Phénomènes anormaux Sub aquatiques de la société géographique Russe Kaya PGO (Комиссии по изучению аномальных явлений Русского географического общества - КАЯ РГО). Certains proviennent de l'Académie d'Information Ufologique appliquée AIPYFO (Академии информациологической и прикладной уфологии - АИПУФО), fort peu de matériaux déclassés du KGB sur les OVNIS, mais il y en a quand même.

Le fonds d'archives secrètes classifié dans la base de données du BD KAYA PGO (БД КАЯ РГО), contient environ 12 000 cas d'observations sélectionnés d'OVNIS, collectés par les structures militaires, signalés « anomalies navales », aquatiques et sub aquatiques AYA, (аномальные явления АЯ) ou celle de KAYA PGO (КАЯ РГО). L'ensemble comprend la base de données générée par l'analyse de publications spécialisées, supports, documents publics et déclassifiés des archives départementales, les témoignages oculaires, les résultats des enquêtes de l'intelligence navale et des employés officiers et mariniers de la flotte. Ce sont 12000 cas d'observations avérées resencées.

Sur la base d'informations AYA (АЯ) contenue dans la base de données BD KAYA PGO (БД КАЯ РГО), 17% des cas observes, soit environ 2 000 cas, proviennent des océans et de la mer Caspienne.

La zone principale d'observations d'ovnis et autres faits paranormaux entre 1960-1990, a pour origine l'océan Atlantique, avec environ 50% des cas. Le second plus grand nombre d'observations dans ces années-là, le Pacifique (26%), et au sein de ces 26%, un très grand nombre (58%) des cas se sont produits dans la mer du Japon. Le troisième lieu où les observations sont les plus fréquentes, est la mer Méditerranée (25% des cas). Puis viennent ensuite les mers du Nord et la Baltique. Une attention particulière mais minime, est portée sur une grande surface avec pour centre Porto Rico, les Bermudes, la Mer des Sargasses, les Bahamas, le Golfe du Mexique, les Antilles et la Mer des Caraïbes. En quatrième lieu l'Océan Arctique obtient 21% des observations (au sein de ce dossier de l'Océan Arctique 70% des observations proviennent de la mer de Barents). Le nombre minimum d'observations de l'armée, provient de l'océan Indien et les eaux intérieures de cette région.

Les objets volants non identifiés au-dessus du territoire soviétique n'étaient pas systématiquement en « aveugle », les radars civils et militaires enregistraient parfois aussi des relevés, en même temps que des observations oculaires se déroulaient au sol, ce qui est d'autant plus significatif.

Une cible inconnue aux caractéristiques anormales apparait sur les écrans radars, le 14 août 1977 entre 20h00 et 20h30 Le directeur de l'aéroport de Shevshenko, Raïsa Nikolaevna Gopachenko, est alertée qu'une cible indéterminée se déplace sans code d'identification, elle est rapidement au-dessus de la ville d'Aktau au Kazhakstan à 23 km au sud-est de l'Aéroport. L'objet inconnu y demeure immobile une minute. Vyacheslav Mixaïlovitch, superviseur de vol, vérifie tous les vols prévus, ainsi que les vols militaires possibles auprès de l'aérodrome militaire de Krasnovodsk, mais il n'y a pas un seul avion correspondant. Après une minute trente, l'objet commence à se déplacer le long de la mer, vers Eraliev, mais ne l'atteint pas, il se tourne brusquement vers Uzen, sa vitesse dépasse à ce moment-là les 500 km/h. Après avoir dépassé Uzen, l'objet se tourne vers Muynak développant une vitesse de 700 km/h, empruntant un trajet qui ne suit pas les couloirs des routes aériennes civiles. Le répartiteur de vol avertit Nukus, au sujet de l'approche de l'objet dans leur zone de radar. A ce moment-là, un Antonov AN 24 arrivant par Muniak à destination de l'aéroport de Shevchenko apparaît aussi sur les écrans de contrôle, l'objet volant va droit sur lui. A une distance de 220 à 250 km de Sevchenko, le directeur de vol contacte le pilote de l'Antonov, lui ordonne de changer de cap pour éviter la collision imminente. L'Antonov s'éloigne dans un axe de 300 à 350 km pendant que l'objet disparait totalement de la zone de visibilité radar. Le directeur de l'aéroport de Sevchenko contacte tous les aérodromes militaires de, Rostov, Astrakhan, Bakou, Volgograd, Almaty, Tachkent, Moscou, Krasnovodsk, tous répondent par la négative, il ne s'agit pas d'un de leurs appareils. Après 5 à 6 minutes, l'objet réapparait sur l'écran du radar de l'aéroport de Sevchenko, exactement au même endroit où il avait disparu. Il suit la même route dans la direction opposée à Uzen, avec une vitesse extraordinaire, selon le directeur de vol, environ 40 Km par 1 tour de l'antenne radar de la tour de contrôle, ce qui est environ 7 200 km/h. C'est une zone frontalière sensible, à 700 km au nord de l'Iran, alors, on contacte de nouveau la défense aérienne de Krasnovodsk, même réponse, aucun appareil militaire en vol. L'objet va vers Uzen, retourne vers Aksu et disparait exactement au même endroit où il avait refait surface à environ 170 km de l'aéroport de Sevchenko, selon les termes du répartiteur : « il a disparu comme si j'avais éteint le bouton radio ». Au début des années 80, les habitants de la ville de Sevchenko, au nord de cet aéroport, commencent à parler de boules d'argent volantes sur les rives de la mer Caspienne. Malgré les moqueries, une commission d'enquête vient de Moscou. Les boules sont observées et photographiées, mais elles apparaissent comme des taches blanches sur la pellicule, comme si elles rayonnent et que cela imprègne la photo d'une boule blanche inexpressive aux bords irréguliers. Pendant certaines prises de vues, les boules s'élèvent rapidement à la verticale disparaissant dans le ciel. Les observations durent un mois, la délégation scientifique Moscovite repart sans un seul commentaire, leur rapport porte le numéro 44 en date du 24/05/1979, observation de 18h42 à 20h42 faite par quatre membres de la commission d'enquête.

On ne peut pas parler de mystère en Russie sans aborder les affaires dans lesquelles les autorités furent absorbées malgré elles dans le traitement de dossiers pour le moins curieux. Le cas de l'incident du lac Korb en Carélie, (Корб-озеру- (Карелия), décrit en détail dans le livre d'un participant de l'enquête Viktor Ivanovitch Demidov, (В. Демидов). Trois ans après les faits, en 1964, Viktor Demidov écrit un petit article sur cet incident dans le journal du district militaire de Leningrad, « La défense de la mère patrie », sans mentionner aucun endroit précis, ni les noms des témoins. Un peu plus tard, il insère une description détaillée de cette affaire dans un livre, de nouveau l'auteur change légèrement les noms des acteurs : Nous sommes les derniers à partir "Мы уходим последними", et dans divers articles parus dans les gazettes, Jeune Garde "Молодая Гвардия", de 1967, et l'article, Qu'est-ce que c'était ? "Что это было ?", dans le journal Le savoir est le pouvoir «Знание-сила» № 6 de 1968, cet incident est aussi décrit dans le livre Observations d'OVNIS en URSS "Наблюдения НЛО в СССР", vol. 2 de 1975. Il figure aussi dans un dossier d'enquête dans les archives du KGB.

Le KGB du district nord-ouest à la frontière avec la Finlande, était établi à Petrozavodsk depuis le 2 juin 1953, puis sur ordre du Ministère du KGB, en date du 13 Mars, 1963, il fusionna avec Bureau des affaires juridiques du KGB de Leningrad, tout en conservant le bureau mis en place au département opérationnel et militaire à Petrozavodsk. Le commandant des services du KGB qui mandata une inspection et fut le major général Semenenko Ivan Ivanovich commandant du KGB de Petrozavodsk d'avril 1957 à mars 1963 (Семененко Иван Иванович). Ivan entre dans l'armée rouge en 1921, devient membre du PCUS en 1930, également depuis 1930 dans l'OGPU (qui deviendra la KGB), diplômé de l'école des gardes-frontières du NKVD en 1939, diplômé deux fois de l'académie militaire de Frounze en 1941, ayant travaillé à l'Etat-Major du KGB durant la seconde guerre mondiale dans différents secteurs, Moldavie, front sud, Volkhov, 3° front ukrainien, Odessa, district de la frontière Nord avec la Finlande. Il fera classer sans suite le rapport de l'incident d'origine inconnue. Il prend sa retraite en 1963, entrant dans une association de vétérans, devenant président du Comité d'assistance et de protection des anciens combattants de la Grande Guerre patriotique au Comité militaire du district Primorsky d'Odessa en Ukraine.

L'armée, ayant étudié tous les matériaux collectés, compile un « Rapport sur les résultats de l'examen du lieu de la chute d'un objet inconnu ». Le fondateur de l'ufologie soviétique F. Yu. Ziegel rapporte ce document unique dans son manuscrit, supprimant tous les noms et l'emplacement exact de l'incident, il précise toutefois : « Le lieu de la chute est la rive nord à 40 mètres des bâtiments de l'ancien village en ruines d'Entino. La pente de la rive à cet endroit, est de 60 degrés. Le point d'incidence est supposé être à 10-12 m, du bord de l'eau. Au moment de l'inspection la glace est d'une épaisseur de 40 cm de profondeur, autour du cercle formé, les bords de la glace sont atteints ou cassés jusqu'à 5 m des bords ».

Le 27 avril 1961 à 21 h, le garde forestier Vassili Brodvski, marche le long de la rive du petit lac Korb en Carélie, afin d'inspecter la rétention d'eau, puis passe la nuit à 7 km de là. Le matin du 28 avril, il revient, ils sont deux préposés de l'entreprise de bois d'Etat, chargés d'inspecter une rétention d'eau avant les inondations printanières. Vers 8 heures du matin, en passant le long de la même côte où il marchait hier, Brodsky voit soudainement une fosse circulaire géante fraîchement creusée, la trace n'existait pas là, la veille au soir. La fosse d'une longueur d'environ 27 m, par 15 mètres de large et sur 3 mètres de profondeur, elle se continue par une tranchée menant au lac gelé. Brodsky examine attentivement la scène de l'incident et, se dépêche de la signaler, il lui faut une journée entière de marche à pied au travers des bois pour rejoindre la station forestière la plus proche, et de là une autre nuit pour rejoindre l'endroit d'où il est possible d'envoyer un télégramme au centre du district, il télégraphie :

« Un entonnoir étrange s'est formé sur la rive du lac, nous avons besoin de spécialistes et de plongeurs ».

Le lac Korb, est un nom officieux, en fait, il s'agit d'une ramification sans repère sur les cartes du lac Onega, (Онежское озеро) second lac d'Europe par ses dimensions, la ville de Petrozavodsk est à l'ouest directement sur celui-ci. A côté du lac Korb se situait un village du nom d'Entino, mais il a été abandonné avant la guerre, maintenant seulement quelques huttes délabrées se tiennent au bord de l'eau. Les premiers logements habités sont à plus de 3 km de ces lieux. Le lac est entouré d'une forêt dense, placé dans un endroit très difficile d'accès, une zone sauvage peu accessible, il n'y a pas de route. Il niche dans la dépression inter-colline, s'étend le long de la ligne B-3. A l'extrémité ouest du lac, la rivière Tukša s'y jette, émergeant à l'extrémité orientale. La longueur est d'environ 600 mètres, la largeur dans la partie médiane est de 160 mètres, la profondeur moyenne est d'environ 5-7 mètres. La rive sud est la plupart du temps élevée, le bord de la forêt est à environ 200 mètres de l'eau, la côte est sans arbres, assez raide. La côte nord s'incline, la forêt commence près de l'eau. Le fond est fortement ensablé, la transparence de l'eau est nulle, d'aspect boueux opaque.

Une semaine plus tard, le 2 mai, un groupe de spécialistes militaires et civils arrive de Leningrad. Tout d'abord, les experts pensent avoir affaire à une explosion incompréhensible dans la taïga, donc le but du groupe est de déterminer les causes de cette explosion probable qui a créé l'entonnoir, d'où aussi la présence parmi eux d'un commandant du KGB du nom de Stukov, et un sapeur, futur journaliste militaire Viktor Ivanovich Demidov, à qui on doit divers témoignages écrits sur cet incident, mais comme il était fréquent à l'époque soviétique, les noms des participants furent changés, par exemple, Bor fut transformé en Brodsky. Il n'a pas été possible de passer à travers bois avec une voiture, aussi, marchent trente kilomètres à pied, tirant à bout de bras la lourde remorque de matériel.

Le commissaire de police du district interroge les bûcherons de la région, dans la nuit du 27 au 28 avril, aucun des résidents du village le plus proche n'a vu ou entendu quoi que ce soit. Mais certains affirment que deux jours après l'événement, aux environs de 2 à 4h du matin, en provenance du lac, leur est parvenu un puissant grondement intermittent, comme le bruit d'un moteur d'avion que l'on teste, cela vrombissait, puis s'arrêtait, recommençait encore et encore puis plus rien. Mais les résidents d'un village voisin, à 30 km du lac, n'ont rien vu ni entendu cette nuit-là ni la veille au soir.

Viktor Demidov, examine en détail la scène de l'incident. Les résultats préliminaires n'ont rien ajouté de nouveau. Ce n'est pas une explosion, pas une météorite, pas un phénomène karstique, pas un glissement de terrain, pas un éclair, pas un reste d'exercice militaire.

Au milieu de nulle part, dans la nuit du 27 le 28 Avril 1961, par une nuit noire, entre 20 : 00 et 8 : 00, une tranchée est creusée dans un sol gelé, dur comme de la pierre, continue sous l'eau du lac où un amas de terre laisse penser qu'elle est repoussée de force par quelque chose qui avançait vers l'eau. On dirait qu'un objet sphérique ou soucoupe s'est enfoncé au fond du lac puis en est ressortie en marche arrière à la verticale, sur une bande de terre de plus de 20 mètres, laissant un trou circulaire que la glace n'a pas rebouché. Environ. 1 000 mètres carrés de terre a été arrachée au sol gelé, et poussée dans l'eau, un rouleau de terre repoussé s'est formé sur une hauteur de 1,5 m sous l'eau.

Le plongeur, Alexandre Tikhonov descend au fond, mais ne trouve rien, à part un amas de terre provenant du rivage ayant recouvert le fond vaseux, ainsi que le rouleau de terre compressée de plus de 1,50 m de haut : « Le fond de la fosse », dit-il, « est recouvert d'une terre immergée, de blocs de gazon gelé ». La masse entière de la terre poussée dans le lac, constitue une section plutôt étroite et longue, dans le prolongement des traces de la berge, à droite et à gauche de celle-ci, le fond est propre et dense. Peu de blocs de glace flottent à la surface. Selon le plongeur, la quantité de terre tombée au fond du lac est inférieure à la quantité qui aurait dû être jetée dedans, en comparaison avec les traces sur la berge. A la suite de la chute d'un objet lourd et en mouvement, la destruction de la rive gelée aboutit à une forme géométriquement irrégulière avec des bords déchirés rugueux, la trainée descend en pente de 10 degrés. Remontant à la surface, le plongeur retourne accidentellement l'un des blocs de glace flottants, il mesure trente centimètres d'épaisseur. Toute sa partie inférieure, celle qui était dans l'eau, était comme peinte d'une couleur intense vert émeraude brillant comme l'oxyde de chrome. La coloration est uniforme, rectiligne. Dans un morceau de glace, de la bande de séparation à l'intérieur de la partie non peinte, on voit une tache irisée d'un rayon de 2 cm, on n'observe aucune fissure visible à cet endroit. Avec la fonte de la glace, la matière verte s'est précipitée sous la forme de flocons de forme allongée. Les échantillons sont étudiés au Laboratoire du Département de chimie analytique de l'Institut de technologie de Leningrad. De façon inattendue, la conclusion est que : « Les éléments dans la glace fondue ne permettent pas d'expliquer la coloration verte qui a été souligné par les membres de l'expédition ». Il s'est avéré que les éléments trouvés dans les échantillons ne donnent pas de couleur verte dans aucune des combinaisons connues. Et pourtant, les sept personnes ont vu la couleur vert émeraude brillante. Les analyses qualitatives et chimiques de cet échantillon, menées par le Département de chimie analytique de l'Institut technologique de Leningrad, démontrent toutefois la présence de petites quantités de silicium, de magnésium, de fer, d'aluminium, de sodium, de calcium, de baryum dans l'eau filtrée de la solution. Dans le dépôt minéral, après calcination de l'extrait acide, le silicium, le magnésium, le titane et le sodium ont été trouvés comme éléments principaux.

Les enquêteurs trouvent sur la rive, de petites boules noires qui rappellent des graines de millet, mais métalliques, friables, creuses, très fragiles et facilement réduisibles en poussière une fois frottées dans les mains. Il s'est avéré qu'elles flottaient aussi dans la partie sous-marine, dans une eau mousseuse grisâtre. Les grains noirs indiqués ci-dessus se sont distingués par une brillance métallique et se sont révélés par la suite, être extrêmement résistants aux acides. Selon les experts, ils ont une origine artificielle. Toutes les substances dans les échantillons ont été caractérisées par une résistance élevée aux acides et à la chaleur. Sous le microscope, les graines étincèlent d'un d'éclat métallique. Très résistantes, leurs particules ne sont détruites ni dans l'acide sulfurique concentré ni dans un mélange avec l'acide fluorhydrique. La poudre obtenue à partir de graines écrasées ne s'est pas dissoute dans l'acide chlorhydrique, leur composition chimique est métallique et complexe, ne pouvant être obtenue que par une fusion à haute température. Les graines résistent à l'action des acides et ne sont pas d'origine organique, mais curieusement aucune trace de métal n'a été décelée dans le fond ou sous la glace, où on les a trouvées. La composition chimique des graines donne raison de supposer qu'elles ne sont pas de formation naturelle, de tels conglomérats métalliques complexes ne se trouvent pas dans la nature dans une telle configuration, ils sont créés artificiellement. Des telles graines de cette forme peuvent se produire dans des processus à haute température, par exemple le soudage. Quatre expéditions vont être menées, la première le 8 août 1970, le lieu de l'impact est visité par Yu. M. Raitarovsky. L'attention est attirée sur la végétation luxuriante qui pousse dans la fosse par rapport à la pente nue environnante. Au cours des neuf années écoulées, trois arbres ont poussé dans la fosse, dans l'eau, des Aulnes d'une épaisseur de 5 cm. Sur la ligne centrale de la sortie de la fosse à l'eau à une distance d'environ 1 m du bord de la berge, des échantillons de sol ont été prélevés pour trouver des graines, au sujet desquelles avait écrit Demidov. Dans une couche de 5-7 cm d'épaisseur à une profondeur de 20-25 cm, ils trouvent deux ou trois billes, puis leur nombre augmente, au fur et à mesure qu'ils creusent et fouillent, de sorte qu'au total ils accumulent environ 200-250 billes métalliques. Visuellement, elles ont une couleur sombre, avec une teinte pourpre, une structure cristalline a été observée au microscope, elles sont creuses et facilement friables. Pour éviter qu'avec les années, la fosse ne disparaisse sous la végétation, les arbres ont été abattus. En 1978, Yu. M. Raytarovsky présente un exposé au séminaire à l'Institut L.O. IZMIR des Sciences de l'URSS, l'expédition dirigée par le candidat des sciences physiques et mathématiques, E.S. Gorshkov à laquelle participait Yu. M. Raytarovsky, n'avait rien donné. Il écrit : « La première chose qui m'a frappé à l'arrivée, c'est une forêt, qui remplit toute la fosse. A seulement 100 m de distance du rivage, il y avait une ancienne fosse de fondation de certaines constructions d'avant-guerre. Ce qui est frappant, et la fosse de nouveau envahie par les arbres, l'aulne, le bouleau, bien que proches, ils n'ont pas poussé partout, selon Yury Mefodyevich : « Dix-sept ans après, dans cette fosse, nous avons dénombré environ 400 troncs d'arbres de 3 à 5 cm de diamètre ». Les lieux furent photographiés, les arbres de nouveau abattus. En 1978 une seconde expédition d'un jour fut menée, puis une troisième expédition fut réalisée, en avril 1979, trois cents carottages furent faits à des fins analytiques et des mesures réalisées avec un magnétomètre, ne donnèrent rien. L'hypothèse la plus improbable, mais les faits ne peuvent être expliqués selon ce qu'a déclaré Yu. M. Raytorovsky, est l'entrée dans l'atmosphère de la terre, d'un corps qui a frappé le rivage, continué à avancer allant sous l'eau, poussant un rouleau cylindrique de terre de 1,5m, et arrachant mille mètres carrés de terres aussi solide que de la pierre car gelée en profondeur. Selon Raytorovsky : « Disons que l'OVNI a eu une panne, ce qui a occasionné un travail de soudure sous l'eau. Ensuite, les billes ne sont que le résultat des traces de soudure, et la couleur verte de la glace provient du rayonnement ultraviolet. Tout ceci est obtenu avec nos travaux de soudure sur terre. L'exécution des réparations nécessaires, nécessite des soudures, ils parviennent à colmater les dommages subis. Les Russes en parlent encore, selon eux, l'ovni à fait quelques tentatives pour redémarrer ses moteurs, les villageois ont entendu du bruit au lac la nuit, une fois la puissance retrouvée, il donne alors un puissant élan, s'élevant à la verticale, ce qui explique pourquoi la terre est tassée comme compressée au fond avec une forme de cercle, voilà pourquoi la glace ne s'est pas reformée. L'ovni s'en va et disparaît, laissant sa mémoire de forme dans l'eau, avec le sillon et de la glace colorée teintée témoignant de réparations de soudure. Il est possible que la réparation ait duré quelques heures dans la nuit, que les témoignages des villageois, interrogés, deux semaines plus tard, aient mal daté les bruits de moteur entendus. Mais au fond cela n'a guère d'importance. L'emplacement de la fosse fut extrêmement bénéfique pour la végétation qui semblait y puiser des forces inépuisables, à la fin la nature à reprit ses droits, désormais plusieurs centaines d'arbres ont investi les lieux, plus forts et majestueux qu'aux alentours.

La majorité des rapports sur les OVNIS provient des canaux habituels de la 2° Direction Générale du KGB (Contre-Espionnage) qui devait déterminer si c'étaient des appareils espions étrangers, tandis que les autres rapports restants étaient issus de la 10° Direction chargée du contrôle des installations de défense sensibles.

En 1984 le lieutenant du KGB V.K. Bykov responsable de la sécurité du Département Spécial du KGB de la garnison de Bryansk, relate dans un rapport des faits troublants. Le directeur de son département spécial, le major du KGB M.N. Rezolyukom confirme l'exactitude des faits, au stade de leurs conclusions préliminaires :

« Le soldat Valery Alimov était de garde le 11 et 12 décembre 1983, lorsque vers 19h43, il observe à environ 20 mètres du périmètre, à une hauteur d'environ 40 mètres, un objet qui flotte dans les airs, parallèle au périmètre. C'est un objet ovale d'environ 7 mètres et d'une hauteur d'environ 1,5 m, de couleur gris argent. En diagonale étaient projetées des lumières comme circulaires, d'un diamètre de 0,5m. De la lumière rouge accompagne le phénomène, comme une brume, il y avait une lumière diffuse de couleur mate. L'objet se dirige vers le soldat de garde au bout de soixante secondes, et commence à faire des mouvements en zig-zague, puis la direction de son mouvement change, il vole dans les profondeurs du territoire, disparaissant derrière les arbres. Entre le moment de son apparition à sa disparition, cela dure 3 à 4 minutes, le soldat rapporte ses observations à son retour au poste de garde.

L'officier supérieur du KGB de Bryansk était Tardjimanov (ТАРДЖИМАНОВ Мкртыч Оганесович), en fonctions de juillet 1973 au 8 septembre 1984, Général depuis 1975. Arménien, né en 1927 à Bakou, diplômé en 1950 de l'Institut industriel d'Azerbaïdjan, membre des jeunesses communistes Komsomol depuis 1952. Il décèdera le 8 septembre 1984 à Bryansk, à l'âge de 57 ans. Il était dans les organes de sécurité de l'Etat du KGB depuis 1955, occupant les postes de Secrétaire du Comité du Parti, directeur du KGB de la République d'Arménie, en 1961, vice-président de la direction du KGB d'Arménie (1961 - 1972), chef du département du KGB pour la région de Bryansk (de juillet 1973 à septembre 1984).

Le rapport remonte à la direction du KGB à Moscou, validé par le général commandant Tarjimanov, homme à ne pas prendre à la légère. C'est un officier de la vieille garde Tchekiste, ayant jadis purgé la région des dernières forces rebelles pro allemandes, il n'était guère enclin à des plaisanteries. Il a personnellement participé à l'arrestation du gang Sajin (Сажин), responsable de dix assassinats, mais surtout, contribué à la capture de l'infâme Tonki (Тоньки) la mitrailleuse, de son vrai nom, Antoinette Makarov (Антонины Макаровой), une allemande qui exécuta 167 personnes innocentes et qui comptabilise plus d'un millier de victimes non recensées officiellement, dans le territoire de la république de police de Brasov, zone de Lokot occupée par les forces armées allemandes à l'époque de la Seconde Guerre mondiale. Bryansk et sa région sont à moins de 80 km des frontières Biélorusse et Ukrainienne, la région est appelée par les Russes, la Frontière des trois sœurs.

Bryansk est une région où des observations d'ovnis persistent de nos jours, parmi les observations les plus photographiées ou filmées, celles de 2006, 2008, 2016, 2017, selon une habitante du quartier de Shelomy (Шеломы) Novozybkovsky Natalia Mikhailovna (Натальи Михайловны), des sphères lumineuses survolèrent le cimetière en février 2016, une sélection de vidéos au-dessus de la ville se trouve sur YouTube, UFO in Bryansk (НЛО в Брянске) février 2017 :

https://www.youtube.com/watch?v=NW5s6ut9muk

Même le célèbre écrivain Valentin Davinovitch Dinaburgsky (Валенти́н Давы́дович Дина́бургский), écrivain poète né à Savitsy, région de Poltava le 26 juin 1922 et décédé à Bryansk le 17 février 2018, observa un ovni alors qu'il servait dans l'armée. Il fit part de cette observation à Andrei Vorobyev (Андрей Воробьев), rédacteur en chef de « AIF-Bryansk », dans un article de la revue locale « Arguments et Faits » hebdomadaire de Bryansk, numéros 1 et 2 du 29.12.2008 intitulés : « Еженедельник "Аргументы и Факты" № 1-2. 29/12/2008 ». L'activité créatrice de Valentin commence en 1937, avec la publication d'un poème dans le journal « Le Travailleur de Bryansk », il a combattu au sein de l'Armée Rouge à Stalingrad, dans les 2° et 4° fronts ukrainiens, Prague, et vers 1945 en Arménie, et Géorgie.

Les occidentaux supposent à tort que le KGB, vint prendre au sérieux les OVNIS suite au propre témoignage en direct réalisé par leur chef en 1980. Mais cela est faux, les « affaires » d'objets survolant l'URSS étaient si nombreuses et inexpliquées, que le KGB les classait par centaines. Certaines plus curieuses faisaient l'objet d'une enquête, mais peu de suites étaient données sur des enquêtes à long terme.

OVNI A L'INSTITUT DU LASER

A cette époque, un autre psychique Valery Kustov apparait. Lorsqu'en 1985-1986, se déroulent deux incidents extraordinaires, très inhabituels pour l'industrie de la défense de l'époque. En peu de temps, deux hauts fonctionnaires ont été assassinées. Le premier est le concepteur général du bureau d'études de génie moyen à Samara, Igor Berezhnoy, engagé dans les armes laser. Il reçoit un engin explosif sous l'apparence d'une boîte de médicaments et meurt dans sa voiture sur le chemin de l'aéroport quand il l'ouvre, la bombe explose dans ses mains. Le KGB reçoit l'ordre de mener une enquête opérationnelle. La mission de terrain débute à peine, lorsque survient un second puis un troisième meurtre, tout aussi énigmatiques, la mort inattendue de l'ingénieur en chef d'Astrofizika, le bureau de sécurité le plus secret de Moscou, également associé à des sujets sur le laser. Il a été massacré avec sa maîtresse dans sa propre maison. C'est un véritable cauchemar, le KGB pense à des tueurs mandatés par un service de renseignement étranger. Successivement à ces disparitions tragiques, s'enchaine une série de sabotages contre les créateurs d'armes laser soviétiques. Tout cela se déroule en plein cœur de l'URSS. Le directeur général d'Astrofizika n'est autre que le fils du maréchal Ustinov, alors ministre de la Défense. Les équipes d'enquêteurs les plus talentueux, sont dépêchées d'en haut, des forces colossales sont mises en œuvre, toutes les versions sont vérifiées, les moindres hypothèses les plus complexes, envisagées. Tout ce déballage de force ne fournit aucun résultat, le dossier demeure sans aucun indice, aboutissant à une impasse totale. Soudainement, lors d'une des réunions, les membres du département du KGB régional de Rostov, disent qu'une une personne capable de voir le passé et de prédire l'avenir du nom de Valery Kustov, est connue de leurs services. Il serait efficace dit-on. Le KGB le convoque en secret dans une chambre d'hôtel, les participants sont subjugués par une démonstration de capacités extrasensorielles de ce niveau. Kustov s'assied dans le coin le plus éloigné de la pièce, et arrive à influencer un des leurs à une distance de cinq mètres de lui. L'agent ressent un puissant jet d'énergie effleurer son visage, comme si un courant d'air le frappait. Kustov fait un léger mouvement avec sa main, et le courant se déplace légèrement vers un autre point. Le rayonnement venant de sa main est perceptible. On ne connait pas le résultat de l'enquête à laquelle il participe, elle demeure classée secret défense. Cinq ans plus tard, dans les années 90, un film documentaire tourné sur le phénomène de l'ingénieur Koustov, passe sur les écrans de télévision, on parle de cet homme incroyable avec des capacités phénoménales. On ne sait pas si ses talets de voyant se confirment ou pas, mais il se retire dans la région de Rostov pour travailler dans une clinique où il pratique la guérison des brûlures par des séances de deux à trois minutes, avec son énergie personnelle de praticien-guérisseur, extrasens.

Pendant que Rostov s'adonne à la guérison, un nouveau volet des plus inimaginables vient compléter l'affaire des « Lasers ». Le rapport préliminaire des ophtalmologistes de Moscou ; le docteur Olga Chentsova, le professeur Julia Koretskaya, ainsi qu'Alla Ryabtseva candidat des sciences médicales, (Ольга Ченцова, доктор медицинских наук, профессор, Юлия Корецкая, доктор медицинских наук, Алла Рябцева, кандидат медицинских наук), est rapporté dans le Journal Moscovite Anomalie n° 2 de 1991 :

« Nous avons jugé opportun de rapporter les conséquences de l'influence possible des OVNIS sur la vue des gens, par exemple des patients qui ont demandé de l'aide médicale après avoir observé un OVNI le 16 mars 1990, à Chatura, dans la région de Moscou. Ce jour-là, vers 7h50-7h45, les employés de la cantine du Centre d'Etudes du Laser au nord de la ville, ont observé l'apparition au-dessus de la forêt d'un objet volant non identifié, en forme de cigare, qui est ensuite passé dans un ballon. L'ovni brillait fortement et resta presque immobile pendant environ 40 minutes. Un rayon pénétra à travers la vitre dans la pièce où se trouvaient les observateurs. Sur le verre autour de du rayon, une tache pourpre était clairement visible. L'apparition de l'objet et sa disparition se sont produites soudainement. En regardant de près l'OVNI, tous les témoins oculaires ont noté la nature pulsante de ses petits mouvements tremblants prenant de l'amplitude à travers le ciel, avec une fréquence énorme. Le phénomène a été observé par 9 personnes, dont 8 femmes et un homme. L'âge des observateurs est de 21 à 44 ans. Le suivi médical a été effectué sur tout le personnel de la cantine. Cinq d'entre eux ont vu l'objet pendant 50-40 minutes, l'un d'eux suggère, qu'il a regardé un OVNI pendant environ 20 minutes avec des pauses, les autres ont noté qu'en raison de leurs occupations respectives au travail, les temps d'observation portaient sur 5-10 à 15-20 minutes ». Le Centre Technologique du Laser est séparé d'environ 80 mètres d'un lac par une parcelle boisée, une petite clairière aboutit dans l'eau depuis l'arrière des bâtiments et de la cantine mais l'entrée est sur Ulytsa Svyatoozerskaya numéro 1, au nord de la Ville de Chatoura, Moskovskaya oblast, Russie, 140700. On y accède de l'ouest par la RN 106, Moscou est à seulement 100 km, on y vient aussi du centre-ville par l'avenue Syadoserskaya, débouchant aujourd'hui sur le Centre Commercial Pyramida, et une enseigne de grande surface française très connue. A l'époque des faits il n'y avait rien de tout cela, c'était un petit village très peu bétonné, où rien ne se passe, à part les parties de pêche ou les matchs de foot l'été, dans un terrain qui est aujourd'hui le Stade Energya. Ici jamais les personnes ne se sont passionnées pour les ovnis, sujet qui en 1990, leur était à la fois inconnu et indifférent. Après la disparition de l'OVNI qui évoluait au-dessus du lac, tous ceux qui l'observaient ont noté soit l'apparition d'un brouillard violet devant leurs yeux, ils voient tout clairement autour d'eux, mais dans le spectre de la lumière violette. Chez les personnes ayant subi une courte période de contact visuel avec l'OVNI, ce brouillard a tenu pendant environ une demi-journée Pour ceux qui l'ont observé plus longtemps, la couleur violette perdure jusqu'à 1,5 à 2 jours. En outre, les jours suivants, deux patients constatent l'apparition d'une faiblesse générale, un blanchiment de la peau, des maux de tête fréquents. Pour deux observateurs oculaires, après la disparition de la brume violette, une tache sombre demeure devant les yeux, et à ce propos ils se sont tournés vers l'oculiste de leur lieu de résidence afin de se faire soigner. Le premier traitement révèle une diminution de la vision d'environ 0,5-0,4. Il a été trouvé dans la zone temporale, l'apparition de la perte du champ de vision (scotome) de 3-5 degrés. Sur le fond, il y a des changements dans la partie centrale de la rétine, la disparition du réflexe maculaire, un œdème rétinien. Un traitement immédiatement actif a été prescrit. Un suivi supplémentaire a été maintenu à l'hôpital ophtalmologique de l'Institut régional de recherche clinique de Moscou nommé M.V. Vladimirsky. Des changements dynamiques ont été enregistrés 1,5 et 6 mois après le contact visuel avec l'ovni. La surveillance des patients continue ; « Cependant, nous devons faire un avertissement précis, ne pas laisser les enfants observer des ovnis, ne pas soutenir l'observation visuelle d'un ovni et préserver la santé des effets secondaires possibles sur le corps humain par la variété de effets anormaux, y compris les soi-disant objets volants non identifiés », fin de citation. Un disque rougeoyant survola la ville russe de Chatoura le 16 mars 1990, il fut aussi observé par le personnel de l'Institut des technologies laser et de l'information de l'Académie russe des sciences, également appelé centre laser, dont les installations secrètes étaient totalement à l'arrêt lors de l'incident. Le disque était un objet volant non identifié. A 6 heures du matin, l'un des employés de la salle à manger de l'institut, dont la journée de travail commençait déjà, voit un grand disque lumineux, le chef de la salle à manger, M. Gennady, est déjà dans son bureau quand il regarde d'un coup d'œil par la fenêtre, et voit un disque rougeoyant dans le ciel sombre. Selon les descriptions de M. Gennady, un rayon rouge émerge de la partie centrale de l'objet étrange. À la fin il se termine par une queue en forme de cigare d'une couleur orange, plusieurs points bleus apparaissent clairement. Le disque se déplace au-dessus du lac Sacré venant vers l'institut. Après un moment, sont arrivés quelques employés de la salle à manger, observant à leur tour un objet non identifié. L'objet incompréhensible bouge dans un silence complet, se déplace lentement au-dessus du lac sacré. Il est visible du centre laser, de la centrale électrique, et du dépôt de carburant, aux abords du lac, ainsi que depuis ce qui est aujourd'hui une usine de filtres pour automobiles. La ville de Chatoura est coupée en deux, au nord elle est urbanisée, vers le nord-est il y a le lac, et au sud de la ville, une zone pavillonnaire rurale encore endormie, les deux étant séparées par le passage de la voie ferrée. Le Prospect Iltsa, part d'Ouest en Est, puis au croisement avec Internatsionalnaya en remontant au nord, on franchit la place Lénine pour rejoindre l'Hôpital local. Les habitants ne sont pas encore dans la rue, il est tôt et au mois de Mars il fait encore très froid, les rues sont encore enneigées, de la glace se colle aux vitres des fenêtres. L'ovni atteint le milieu du lac et demeure suspendu sur place. La surface du lac demeure calme tout le temps sans vagues, c'est un lieu de pêche que les amateurs de poisson fréquentent en arrivant par la rue Moskovskaya, accédant sur une avancée de terre en forme de croix très boisée, elle entre jusqu'au milieu de l'eau comme une lance, tout est bordé d'arbres, on s'y trouve au calme et son voisin pêcheur ne vous voit pas à trois mètres de vous. Quelques minutes plus tard, le disque commence à faire des manœuvres, il tourne alors vers la droite, puis brusquement à gauche oscile doucement d'un côté à l'autre. M. Gennady avait peur pour sa santé mentale. Après un moment, d'autres employés de la salle à manger s'approchent à leur tour. Au bureau, une courte réunion de planification devait avoir lieu. Au lieu de discuter des plans pour la journée, les personnes s'agglutinent à la fenêtre, pendant quelques minutes, demandent en état de choc : "Qu'est-ce que c'est ?". Soudain, l'objet mystérieux se déplace de nouveau rapidement, fait trois accélérations disparaissant finalement derrière la cime des arbres. La scène céleste dure au total environ 50 minutes, après quoi, l'un des employés du centre T. Tina s'écarte de la fenêtre et s'exclame en regardant M. Gennady : « Votre visage est devenu pourpre ». Il s'avère que toutes les neuf personnes ayant observé ce phénomène anormal, ont un voile violet devant leurs yeux, et leur visage est empourpré. Ces stigmates ne sont pas retombés pendant deux semaines. Quelqu'un sent un voile devant ses yeux plus transparent, au final les employés inquiets décident d'aller rapidement consulter les médecins, parce qu'ils pensent qu'ils perdent leurs yeux. L'oculiste de l'hôpital local, Tatyana Morozova se charge des premières consultations en urgence. Quelque temps encore après la disparition de l'objet, les témoins oculaires ont un voile de pourpre devant leurs yeux, cela dure deux semaines entières. Au bout de 2 semaines, chez certains d'entre eux, il disparait progressivement, d'autres conservent des douleurs dans les yeux, leur vue détériore sérieusement. Une thérapie complète est organisée pour les blessés, dans la clinique ophtalmologique de l'Institut régional de recherche clinique de Moscou (MONIKI). Le chef de la clinique, ophtalmologue de la région de Moscou, le professeur en médecine Alla Ryabtseva, décide de prendre leur traitement en main : « En relation avec la situation inhabituelle, nous avons décidé de mener une enquête exhaustive, non seulement sur ceux qui ont demandé de l'aide, mais aussi sur ceux qui sont devenus des témoins involontaires de phénomènes anormaux. Beaucoup d'entre eux ont été observés dans notre pays pendant toutes ces 13 années », dit Alla Ryabtseva. Pour les spécialistes de la clinique ophtalmologique, l'affaire est allée au-delà de l'ordinaire, ils décident donc de procéder à un examen approfondi des victimes. En plus des méthodes traditionnelles de diagnostic général, la clinique a recours à des méthodes ophtalmologiques spéciales. Chez les patients, ils testent l'acuité visuelle, analysent les larmes, la muqueuse de la membrane de l'œil, examinent la sensibilité du nerf optique, l'état de la rétine du fond de l'œil, et utilisent toute une série de recherches très spécialisées pour déterminer les causes des changements dans les organes de la vision. Pratiquement tous les patients gardent des changements dans la rétine de l'œil. Six victimes subissent des changements mineurs accompagnés d'un malaise temporaire dû à l'apparition du voile devant leurs yeux. Deux employés du centre, qui fixaient le disque incandescent presque tout le temps, alors qu'il était au-dessus du lac, sont atteints de brûlure rétinienne avec diminution de l'acuité visuelle permanente. Tels sont les dommages que les ophtalmologistes considèrent comme très sérieux. Affaire rapportée dans : Chroniques des visites d'OVNIS, de Vadim Tchernobrov, dans le Journal « Anomalia » n° 2 de 1990, également dans le livre « Visite de l'Inconnu », de Sergei Tantsura, ainsi que le Journal « Itogi » numéro 50 (392) du 12/12/2003, dans « Ufocom Ru Topics », par Schestakov Vladimir, un autre article dans le journal « Komsomalskaïa Pravda » du 24//2005, et un article conséquent dans la gazette « Nevavisimaïa Gazeta » du 27 juin 2005.

TEMOIGNAGES DE GENERAUX

Le Lieutenant-général du FSB, Oleg Leonov (Олег Леонов), déclare à la presse, que le voyant Safonov cherchait des meurtriers sur les instructions du KGB : « Dans les années 70, je travaillais dans un département secret du KGB, qui étudiait les personnes ayant des capacités inhabituelles et essayait de les utiliser dans l'intérêt de l'État », selon les dires du général du KGB, Oleg Leonov : « Tout ce travail a été gardé secret pendant longtemps ». À l'époque de Brejnev, ce sujet extrasensoriel fut un peu ralenti au KGB, mais les guérisseurs étaient à l'honneur. Sous le président Eltsine, tout un département se crée avec des astrologues et médiums à plein temps. Le général Leonov et le KGB, travaillent avec un consultant, une personne possédant les capacités paranormales, Vladimir Ivanovich Safonov (Владимир Иванович Сафонов). Après plusieurs années de service dans le département secret avec les voyants et la paranormalité, le général Leonov est muté vers d'autres unités du KGB, mais continue, à entretenir des relations amicales avec Safonov. Vladimir Ivanovich Safonov, jusqu'à ses derniers jours, collabore avec le KGB puis le FSB et le ministère de l'Intérieur qui lui demandent son aide. Parfois, Safonov est écouté, ils suivent ses conseils, parfois non. Safonov n'était pas perçu comme une panacée pour tous les maux. Les capacités de Safonov, que les membres du KGB appelaient le Magicien, étaient utilisées, mais il n'était pas membre du KGB, seulement, une personne à qui on faisait appel, de plus, il n'a jamais été rémunéré pour ces talents, n'a pas pris d'argent pour ses consultations de guérison. Officiellement, il est ingénieur de profession, et secrétaire de l'organisation du Parti Soviétique au ministère des services publics. Il participe aux expériences de laboratoire de l'Institut du Cerveau. Les professeurs de l'institut le respectaient, le percevaient comme un scientifique-chercheur. Par exemple, Safonov, avec le professeur Medelenovsky, s'engagé dans des expériences sur de l'influence bioénergétique sur le corps humain. Plus tard, les expériences sont suspendues, mais ce n'est déjà pas la première fois. Safonov rédige d'intéressants livres. Après sa retraite, il se consacre entièrement à l'étude du bio-diagnostic. Il peut guérir à partir d'une simple photo, obtenir des informations sur une personne à partir de l'enregistrement vocal de sa voix, guérir à distance, peut décrire une personne et en dire beaucoup, juste en conversant au téléphone avec elle.

Vladimir Ivanovich Safonov, était ami de la Voyante Djouna, tout comme elle, il est constamment approché par des personnes influentes haut placées, des politiciens avec des demandes pour améliorer leur santé, il ne refuse pas, il peut guérir une personne avec un mouvement de sa main. Une fois, il part en consultation auprès d'un certain, Yulian Semyonov atteint de paralysie, les médecins ne peuvent pas le mettre sur ses pieds, et ils lui ont amené Vladimir Ivanovich Safonov. Il pratique sur lui pendant cinq minutes, après quoi le patient se lève et peut s'asseoir le lendemain sur une chaise. Après cela, il devient son meilleur ami, par la suite, Yulian Semionovitch Semyonov (Юлиан Семёнович Семёнов), écrivain journaliste, interprète et traducteur du Pachtoun durant la guerre d'Afghanistan, auteur de plusieurs romans policiers et d'espionnage, l'a aidé dans tout ce qu'il a pu. En 1979, Semyonov reçoit une distinction du KGB, on entend parler aussi de lui au sein du KGB en 1989, il y est décoré de l'Ordre de la

Révolution d'Octobre. Le 16 octobre 1990, Yulian Semionovitch Semyonov est victime d'un premier accident vasculaire cérébral suivi de deux autres, qui le privent de la motricité, la parole et de toute activité, il retrouve des facultés suite à l'intervention du guérisseur Safonov, puis décède trois ans plus tard en Crimée, courant 1993. Vladimir Ivanovich Safonovym, dit « Safo » est en mesure d'obtenir des résultats à distance à partir de photos, d'enregistrements audio. Très apprécié. Il peut identifier jusqu'à 80 signes caractérisant un homme qu'il n'avait jamais vu dans sa vie, juste en parlant avec lui au téléphone ou en observant un portrait. Il a été approché par les puissants de ce monde pour des prévisions politiques et des guérisons médicales miraculeuses. Qui étaient ses clients ? C'est une information classifiée, on sait toutefois que plusieurs membres du gouvernement Eltsine vinrent à lui en consultation. Safonov a intensivement travaillé au sein de l'Institut du Cerveau. Lui-même cherchait une justification scientifique pour son propre don. Il y a des résultats probants de ses recherches au sujet de l'impact énergétique sur le corps humain. Le professeur Medelyanovsky mène des expériences avec Safonov, en regardant la photo d'un homme, il transmet de l'énergie à l'individu qui subit des changements physiologiques, les instruments électroniques scientifiques mesurant les constantes, l'enregistrent sans aucune interférence. Safonov faisait partie des dix voyants du cercle présidentiel d'Eltise.

Parfois, le KGB utilise des médiums à des fins de recrutement pour certains postes. Les personnes capables d'influencer le cerveau humain et transférer des pensées à distance étaient particulièrement recherchées. Des expériences sont menées, il est possible de parler au téléphone avec quelqu'un et de lui faire baisser ou monter la tension artérielle, ou émettre un diagnostic exact sur sa maladie. Il y avait parmi les voyants, pouvant affecter le cerveau d'autres personnes et coopérant avec le KGB, une femme nommée Maina (Майна). Elle est toujours en vie, à la retraite, avec le grade de colonel du KGB. Une expérience fut tentée, dans le centre du KGB, un homme en bonne santé subit le regard de Maina, gémit et s'écroule soudainement à terre, en colère, il tente de s'en prendre à elle après s'être relevé, il s'écroule à nouveau. Maina, expliquera plus tard qu'elle fut très affaiblie, en raison de la quantité d'énergie qu'elle avait émise pour arriver à obtenir ce résultat. Une autre expérience fut menée, elle devait passer par le service de sécurité au Kremlin, juste devant les gardes du KGB, sans montrer de documents. Maina utilise la suggestion télépathique, comme hypnotisé, le gardien ne la voit même pas, de plus, il manque toute la délégation qui la suivait, évoluant devant lui, sans qu'il s'en rende compte il ne leur demande pas même de laisser passer ou document d'identité. Cette expérience est nommée le « Test Messing », car il est réalisé par ce médium pour la première fois, à la demande de Staline.

Le général Oleg Leonov, voit personnellement pour la première fois, au milieu des années 70, une autre forme de pouvoir extra sensoriel en action, testé dans les centres expérimentaux du KGB, la télékinésie, des objets en mouvement juste avec un regard. C'est quelque chose qui ne peut pas être expliqué. Dans les années soviétiques, avec le KGB, il y avait un laboratoire spécial, dans lequel les gens avec des capacités paranormales sont étudiés. Dans un tel laboratoire, par exemple, on rencontrait une fille avec des capacités inhabituelles prometteuses. C'était une écolière, un officier du KGB l'amène tous les jours la conduisant dans un laboratoire secret. La jeune fille est préparée pour un travail spécial. Malheureusement, à l'époque de la perestroïka, le laboratoire fut fermé pour la sixième fois, elle retrouva la vie civile et fonda une famille dans l'anonymat.

Dans un autre registre, le colonel Vyacheslav Zvonikov, employé à l'Institut de médecine aéronautique et spatiale témoigne, il se souvient qu'au début des années 80, un scientifique, appelons-le Yuri Nikolayevich, est venu à l'Institut de médecine aéronautique et spatiale. Yuri Nikolayevich, rassemble des techniciens dans une équipe pour fabriquer un appareil de type ultra-sons, ils le testent dans un cadre strictement scientifique, le baptisant, générateur psychotronique. À cette fin, il est très difficile de trouver une base expérimentale, il est convenu en privé avec l'un des testeurs de le placer dans un simulateur de vol standard, et d'enregistrer les indicateurs physiologiques et les mouvements des commandes sur le décollage, lors de l'exécution des figures et lors de l'atterrissage. Tout cela est enregistré, on ne pouvait pas obliger quelqu'un à faire quelque chose, mais les ultra-sons nuisaient à la concentration et à l'état physique de la personne, altérant ses capacités de travail. De nouvelles armes psychophysiques, micro-ondes et ultra-sons, sont publiquement officiellement annoncées au plus haut niveau et effectivement testées pendant longtemps. Le colonel Sergey Vadimovitch Shaposhnikov déclare qu'un des centres spéciaux essaya de créer un canon électronique affectant probablement les personnes avec des vibrations sonores basses fréquences, entrainant une crise d'angoisse insurmontable. Les membres du KGB émirent l'hypothèse que c'est ce qui pousse les équipages à quitter les navires, dans le soi-disant Triangle des Bermudes, une sorte d'émission radio sous forme d'ondes ultra soniques identiques au canon qu'ils tentaient de créer dans leur laboratoire. L'ancien ministre de la Défense, Anatoli Serdioukov, déclare, qu'un ancien médium du nom d'Ivan Kachalin travailla sur un prototype d'appareil affectant le psychisme des gens, utilisant le rayonnement micro-ondes avec succès, dans l'une des unités militaires du sud de la Sibérie, projeté sur une distance allant jusqu'à 50 km. Au milieu des années 90, le financement public pour ces travaux fut abandonné.

Un groupe d'astrologues exista officiellement à plein temps au ministère de la Défense de l'URSS L'activateur des programmes parapsychologiques fut le renseignement militaire, GRU. Le chef du service de sécurité du président de la Fédération de Russie, M. Korjakov, introduit personnellement la résolution des problèmes de l'Etat, par des voyants et astrologues influençant les dirigeants politiques. Les psychiques du Kremlin, menaient des expériences, utilisant la technique de l'hypnose, et de la divination. Ceux que la presse nomme les « âmes noires du Kremlin », sont aussi les gardiens du président, ce sont les célèbres généraux, Alexandre Korjakov et Gueorgui Rogozin qui mêlaient les prédictions divinatoires, et horoscopes prédictifs, aux résultats très concrets des écoutes téléphoniques provenant des techniciens du KGB. A l'exception de Pierre le Grand et de la Grande Catherine, tous les tsars, et leurs tsarines se laisseront guider par le paranormal dispensé par des conseillers occultes. Selon certains rapports, le Kremlin exploitait encore un centre de parapsychologie dirigé par l'académicien

Alexander Zara, sous le début de la présidence Poutine, on le limoge début des années 2000.

Les magiciens, sorciers, médiums sont devenus populaires, il existe des noms connus de personnes ayant supervisé les programmes parapsychologiques, dans l'armée, ainsi Firyaz Rakhimovich Khantseverov, lieutenant-général de la direction générale du renseignement (GRU). D'autres sont devenus des célébrités. Docteur en science juridique, général en retraite du FSB (KGB), professeur enseignant, académicien à l'Académie des Sciences Naturelles, recteur en chef de l'Académie de criminologie en profilage, détermination psychologique des portraits criminels, membre de la fédération de Karaté Koshiki de Russie, Georgy Georgievich Rogozin (Георгий Георгиевич Рогозин), 7 Août 1942 - 6 Mars 2014, est le principal magicien du Kremlin des années 90. A l'époque le premier chef adjoint du service de sécurité du président Eltsine. Fils d'un général de l'armée, Rogozin sort diplômé, de l'Ecole Supérieure du KGB, l'école 101, devenue aujourd'hui l'Académie des services de renseignement, qui disposait des meilleurs spécialistes formateurs, comme l'ancien chef des services d'espionnage illégaux à l'étranger, le général Vadim Kirpichenko.

L'école des services secrets numéro 101 du ministère de l'Intérieur de l'URSS (Школа №101 МВД), fut fondée sur ordre numéro vingt-huit du NKVD, (Приказом НКГБ №0028), le 18 janvier 1946, son nom était « Ecole de la 12ème Division de la 1ère Direction du NKVD ». Après le retour du KI, Centre de Renseignement à l'Etranger, elle s'appelait l'école n°101. Elle devient la haute école du renseignement clandestin à l'étranger du PGU (Высшая разведывательная школа ПГУ). Le 14 octobre 1968 elle est transformée en établissement d'enseignement supérieur, l'Institut du KGB. Le 19 décembre 1968, l'Institut devient « L'Institut de la Bannière Rouge » (Краснознамённый институт (КИ) КГБ СССР), après avoir reçu cette distinction honorifique, en mars 1984 il est baptisé d'après le patronyme de Youri. Andropov (Ю.В.Андропова). Son code d'identification militaire est В/ч 14590, puis depuis 1967, В/ч 64510.

La durée des cours dans la faculté principale du KGB est de 2 ans, lors de la transformation de l'école en l'Institut, le programme est porté à 3 ans. La première année est dédiée aux disciplines spéciales, renseignement, travail d'information, etc., et les études de langues étrangères, les fondements du service diplomatique, les sciences politiques. Deux sessions annuelles sont réalisées, dans l'institut qui se trouve à la campagne, une fois en hiver, la seconde en été, certains cours pratiques ont lieu dans des conditions urbaines en ville sous l'observation d'agents de la 7° direction du KGB. Dans les années 50, le recrutement pour le premier cours est d'environ 200 personnes, puis ensuite le nombre d'étudiants augmente atteignant 300 personnes en 1980. Anciennement, dans les usages courants, l'école fut appelée dans les années 1950 « le village de Gridnevka » (du nom de son chef V.Gridnev), mais finalement tous l'appelèrent l'école de la Forêt, car elle se situe dans une zone boisée. En raison de la trahison du colonel V. A. Piguzov (Владимир Александрович Пигузов), secrétaire du Comité du Parti de l'Institut de la Bannière Rouge du KGB, agent du KGB ancien élève de l'école, recruté par la CIA en 1976, démasqué est fusillé en 1986. Les agences de renseignement occidentales ont longtemps eu accès aux données personnelles des élèves de l'école. En 1976, Piguzov fut recruté par la CIA lors d'un voyage d'affaires en Indonésie. En 1982 Piguzov est employé à Moscou, dans l'Ecole du KGB, l'Institut. Andropov. On apprendra plus tard au cours de l'enquête à son encontre qu'il avait également travaillé pour les services de renseignement Allemands. Au milieu de 1940, alors qu'il tentait de traverser la frontière dans la ville de Peremyshl (Перемышля), une ville de la Voïvodie des Basses-Carpates, dans le Sud-Est de la Pologne, à la frontière de l'Ukraine il est arrêté par les gardes-frontières, pendant les interrogatoires, Piguzov, admet qu'il a coopéré avec le service de renseignement allemand, cela ne l'empêche par la suite de travailler au KGB. Suspect Piguzov est escorté au siège de la direction principale des renseignements, le célèbre "Aquarium" (Аквариум), non loin de la rivière près de la station de métro "Polezhaevskaya" (Полежаевская), ligne Tagansko Krasnopresnenskaïa du métro de Moscou, située sur le territoire du rayon Khorochevski du district administratif nord-ouest. Le quartier est connu pour la présence d'un grand circuit automobile. Il y est interrogé par Tchebrikov, assis menotté, il fait un témoignage complet à condition qu'il ne soit pas fait de mal à ses enfants. On le condamne à mort par décision du tribunal, il est exécuté en 1986 comme traite à la patrie. L'existence du bâtiment du renseignement militaire GRU, dit l'Aquarium est connue suite aux mémoires de Vladimir Bogdanovich Rezun (Владимир Богданович Резун), un écrivain russe et ancien officier du renseignement militaire soviétique qui déserta aux États–Unis. Après avoir étudié à l'Académie diplomatique militaire de 1971 à 1974, Rezun, rejoint la mission soviétique à l'Office des Nations Unies à Genève, travaillant sous couverture pour le service de renseignement militaire soviétique (GRU) y atteignant le grade de capitaine. L'Aquarium est le surnom donné au siège du GRU à Moscou, par ceux qui y travaillent. Un bâtiment ordinaire de huit étages, avec une cour renfermant le service des archives. Il y a aussi deux unités spéciales et plusieurs instituts de formation annexes. Le plus grand est appelé l'Académie diplomatique militaire, dans le jargon des enseignements Russes le conservatoire (консерватория). Il est situé près de la station de métro Oktyabrskoe pôle, (Октябрьское поле), à près de 2 km du siège du GRU de l'époque. En 2012 le siège du GRU déménage dans une nouvelle résidence près de la campagne, maintenant, il est complètement isolé des regards, sauf pour les observations satellitaires. La superficie totale du nouveau siège est de plusieurs dizaines de milliers de mètres carrés.

Le Magicien du KGB, Georgy Rogozin, nait en 1942 à Vladivostok, après l'école, il étudie à l'institut technique de la construction navale. Pendant environ un an, il travaille comme mécanicien dans la flotte de pêche Vostok. En 1962-1965, sert dans l'armée pour son service militaire. Après sa démobilisation, le KGB le recrut, il entre à l'École 101, qui deviendra l'Institut Supérieur de la Bannière Rouge Institut Andropov. A la faculté pour la formation dans le contre-espionnage militaire, il étudie pendant cinq ans de 1969 à 1972. De 1972 à 1975, Rogozin étudie à l'école supérieure de du KGB (Высшую Краснознаменную школу (ВКШ) КГБ), dans la première faculté, département spécial, la base de l'activité de contre-espionnage (1-й факультет контрразведки, специальность - военная контрразведка), puis il reçoit son doctorat en droit. Il exerce comme professeur à la Haute Ecole Economique, au troisième département spécial du contre-espionnage militaire (3-й спецкафедре военная конрразведка). En 1980-1983, il est chercheur principal, dans le laboratoire paranormal NII du KGB, (лабораторий (НИИ КГБ), chargé des médiums et des guérisseurs programme Prévision (Прогноз КГБ).

En 1985, Rogozin part travailler dans l'appareil central du KGB, désigné responsable opérationnel senior Capitaine de 2°rang, de la 2 -ème direction du KGB pour l'analyse « A » (аналитического), du contre-espionnage général, un travail avec les résidences étrangères, les missions diplomatiques et commerciales en URSS. Dans le 2e département du KGB, Rogozin, applique des mesures actives exécutées pour tromper les agents des services spéciaux étrangers, organisant des mesures complexes pour désinformer l'intelligence de l'ennemi potentiel. Rogozin introduit dans ce milieu, l'utilisation de méthodes non traditionnelles liées à la vérification des sources d'information avec l'aide de médiums et toutes sortes de parapsychologues mentalistes. Rogozin apporte une attention particulière aux questions liées à la détection, la divination de cas de dissimulation intentionnellement mensongers, à l'obtention d'informations de personnes sous hypnose, aux tentatives d'influences parapsychologiques sur une personne puis l'étude de leurs conséquences. En 1986, Rogozin devient chef adjoint du 2° département, obtenant le grade de lieutenant-colonel en 1987. Entre 1988 et 1992, il entre à l'Institut d'études de la sécurité, anciennement l'Institut de recherche du KGB, en tant que consultant scientifique auprès du premier département. En raison des résultats obtenus dans le contre-espionnage des résidences diplomatiques et commerciales en URSS il est promu colonel devenant le chef du 2° département de contre-espionnage. De 1988 à 1992 il figure à l'institut des problèmes de la sécurité le 6 NII du KGB comme consultant au 1° département (Институте проблем безопасности (б.НИИ КГБ - ученый консультант 1-го отдела). Siégeant au conseil suprême, expert en matière de sécurité, M. Rogozin rencontre Alexander Korjakov et d'autres hauts responsables du cercle le plus proche du président Eltsine. En 1992, il rejoint le service de sécurité du Président de la Fédération de Russie, dans les fonctions de premier vice-président de ce Conseil de Sécurité. Il y supervise les activités opérationnelles et les questions spéciales, parapsychologie, télékinésie et astrologie, au sein de la présidence de la Fédération de Russie. En 1994, Rogozin reçoit le grade de major-général. Le bureau du général Rogozin se trouve au troisième étage du 14ème immeuble du Kremlin, où siègent les dirigeants de la 9ème direction du KGB. Le général de division Georgy Rogozin et le garde du corps Korjakov deviennent des intimes d'Eltsine. Parmi les habitants du Kremlin, il est surnommé : le magicien noir, ou le Nostradamus en uniforme, mais le sobriquet qui lui restera jusque dans la presse est « Merlin ». Georgy Rogozin commence son activité occulte dans le célèbre institut de recherche scientifique, « prévision » (Прогноза), organisée par la 8° Direction principale du KGB conjointement avec le renseignement militaire, le GRU, et il finit sa carrière comme grand prédicateur astrologue présidentiel. Les laboratoires secrets "Prévision" (Прогноза), se trouvaient éparpillés dans les principales institutions médicales de la ville de Leningrad, comme, par exemple, l'Académie militaire de médecine, ou l'Institut

Médical du KGB. Au ministère de la Défense de la Russie travaillèrent des astrologues à temps plein dans l'Institut de « CosmoRitmoLogie », Института КосмоРитмоЛогии), créé par l'Institut des Sciences Naturelles, IPE (Институтом проблем естествознания - ИПЕ), de l'Académie Russe des Sciences Naturelles. Les activités de l'IPE et de l'Institut de CosmoRitmoLogie ont été autorisées par ordre du commandement en chef des Forces Armées n° 9-93, du 24 juin 1993. Dès le 24 juin 1993, l'Institut de CoqmoRitmologie, dont on peut dire que Rogozin est à l'origine, prépare des prévisions sur lesquelles les décisions de l'État sont prises, Rogozin décide de tout. Mais d'autres personnes supervisant des programmes parapsychologiques parallèles, dans l'armée, c'était Firyaz Rakhimovich Khantseverov (Фирьяз Рахимович Ханцеверов), lieutenant-général de la direction générale du renseignement (GRU). En 1994 Rogozin nommé Major Général, prend sa retraite le 26 février 1996. En 1998, le Général Rogozin, accorde une interview à un journaliste du journal « Moskovski Komsomolets » (Jeunesses Communistes du Komsomol), Jan Zhilyaeva, paru le 24 Octobre, 1998 :

« J'ai été emporté par les psychotronistes à un âge assez mature, après 35 ans. L'intérêt était si grand, que j'ai rapidement accumulé des connaissances et tenté ma chance à l'entraînement. En travaillant au comité sur l'informatique bioénergétique, j'ai parlé avec des gens intéressants. Dans le domaine de l'astrologie il y a une magnifique école de Mikhail Levin et Alexander Zaraev, ils placent la science astrologique au plus haut niveau ».

Pour obtenir les budgets nécessaires, le KGB argumente que la CIA travaillait depuis longtemps dans cette direction, c'est de la part de la direction de l'Institut Scientifique du KGB que Rogozin obtient en 1989, l'autorisation de diriger des études théoriques et des expériences sur les budgets spéciaux du KGB. Mais malgré toutes ses tentatives personnelles, Rogozin ne devient jamais lui-même ni un spirite, ni un voyant. Il est un excellent espion bien formé par l'école 101, qui surfe sur la vague moderne de l'irrationnalité remise au goût du jour par les apparatchiks du Kremlin, et il s'en sert, car qui détient les clefs sur les peurs intimes des dirigeants, obtient un grand pouvoir sur eux. Les révélations de ses médiums coïncident grâce à des écoutes illégales, de l'espionnage, des filatures, ses horoscopes, deviennent la cerise sur le gâteau. En août 1991, Boris Eltsine demande à un groupe de dix parapsychologues de couvrir la Maison Blanche Russe, de protéger la tête de l'Etat Russe avec un bouclier énergétique. Sur douze parapsychologues présents ce jour-là, dix forment ce qui est appelle le septième cercle, (седьмой круг), et se réunissent dans une salle spéciale, assis en cercle, pour tous ensemble, influer, et faire pression, sur les évènements sociaux du putsch du KGB en cours. Au moins un ou deux autres médiums furent en charge de la protection personnelle du Président Eltsine dans son bureau. Le putsch échoue. Le chef du Conseil des service de sécurité de l'Etat Russe, Patrouchev déclare en juin 2015, qu'un groupe de clairvoyants, mages et sorciers, travaillait dans ses services pour auditer télépathiquement les personnalités politiques Nord-Américaines, et déceler leur Etat d'Esprit envers la Russie, anticiper leurs réactions, tenter de les influer. Boris Eltsine ne peut pas se passer de son prophète personnel qui le suit jusqu'aux tout derniers jours de son mandat. C'est Georgy Rogozin (Георгий Рогозин). Il se charge entre autres, de rédiger ou de faire réaliser des horoscopes prédictifs destinés aux dignitaires du Régime, devant orienter les dates des décisions politiques, où le choix de candidats à certains postes. L'Académie d'Astrologie de Moscou, alimente quotidiennement le ministère de l'intérieur. Georgy Rogozin, pratique le rayonnement magnétique de l'être humain, la lecture des pensées à distance, influence le comportement d'individus contre leur volonté, exerce un pôle énergétique favorable et protecteur, des activités spirites sur des tables, de l'hypnose Eriksonienne, des horoscopes, la liste est longue. C'est fut une intrusion permanente des voyants dans les affaires publiques au plus haut sommet de l'Etat. Grâce aux écoutes téléphoniques, aux délations et surtout aux interventions des magnétiseurs et extralucides de tous bords, le programme permanent d'utilisation de méthodes non conventionnelles du ministère de l'intérieur fonctionne à plein temps. Dans ces années-là, le vice-ministre de l'intérieur de la Fédération de Russie rédigea une lettre, dans laquelle le ministère se félicitait de la collaboration du Groupe Extrasensoriel spécialisé dans les sciences occultes, car au cours de deux cents opérations policières menées avec sa participation, cent et un criminels furent appréhendés et quatre-vingt-quatre crimes élucidés. Le garde du corps en chef d'Eltsine, subitement nommé général, Alexandre Korjakov, (Александр Коржаков), sert d'intermédiaire et de mentor avec les médiums. Jeune officier de la 9° direction du KGB, chargée de la protection et du confort des hauts dignitaires de l'Etat, Korjakov est en 1985, nommé garde du corps de Boris Eltsine, alors premier secrétaire du Parti Communiste Soviétique. Deux ans plus tard, Eltsine contraint de démissionner de ses fonctions, Korjakov refuse une nouvelle affectation, afin de rester à son service. La 9° direction du KGB le limoge, le place immédiatement en retraite anticipée, pour raisons de santé à l'âge de trente-huit ans. Il demeure au service exclusif d'Eltsine qui devenu chef de l'Etat, le nomme Général. Eltsine établit un contact personnel avec un devin puissant, Ivan Fomine, (Иван Фоминым), qui a tendance à prédire avec précision tous les événements indésirables survenus liés au président. Tous les trois mois environ, le président Eltsine se rend à Sotchi pour des cures en raison d'une dépression, doublée d'une forte alcoolémie chronique, Djouna la sorcière l'accompagne servant de médecin et voyant officiel. Le Président Eltsine a sérieusement porté sur sa tête un casque bioénergétique spécialement conçu pour lui, dans une sorte de passoire métallique ménagère avec une antenne. Selon son garde du corps, le chef de service de sécurité, il était possible d'utiliser des technologies modernes pour influencer les dirigeants politiques au travers de l'émission d'ultrasons, ou ultra ondes. Eltsine a placé un casque sur sa tête, pour recevoir télépathiquement de l'énergie, cela peut faire sourire, mais au même moment le Clan Eltsinien et ses proches corrompus faisaient sortir de Russie 20 milliards de dollars de fonds volés, de 1991 à 2000. C'est également Eltsine qui désigne Vladimir Poutine comme successeur, et nombreux politologues aiment à le rappeler. En octobre 2017, Oleg Egorov, relate dans un article accusateur, plusieurs sources déclarant qu'environ 10 milliards de dollars du trésor du Parti Communiste disparaissent sans laisser de traces au début de ces années troubles, en 1990, et peu de temps après l'effondrement de l'Union soviétique en 1991. La majorité de la population russe en était convaincue, l'argent fut volé. C'est Viktor Mironenko, ex-chef du Komsomol, l'organisation des jeunesses du PCUS, qui le mentionne lors d'une interview : « juste avant la disparition de l'URSS, le PCUS possédait un budget de 10 milliards de dollars. Les sources d'une telle richesse étaient très variées, des contributions mensuelles des membres ordinaires du parti, environ 19,5 millions d'adhérents au PCUS en 1990, ainsi que le Fonds pour la protection de la paix, financé par l'État, avec un budget d'environ 4,5 milliards de dollars de roubles (2,6 milliards de dollars). Viktor Guerachtchenko, ancien chef de la Banque d'État de l'URSS, confirme, qu'en 2011, il y avait beaucoup d'argent dans les caisses du Comité central. Mais tout s'évapore mystérieusement en 1991. L'ensemble de la situation devient particulièrement suspecte, après une série de morts soudaines. Le 26 août 1991, six mois avant l'effondrement de l'URSS, Nikolaï Kroutchin, directeur financier du PCUS, un proche de Mikhaïl Gorbatchev, tombe de sa fenêtre, et en meurt. Son prédécesseur, Gueorgui Pavlov, qui gérait les affaires du parti pendant 18 ans, connait le même sort que Kroutchin un mois plus tard. Le troisième financier, Dmitro Lissovolik, dirigeant le secteur américain du département international du Comité central du Parti, très impliqué dans les flux de trésorerie, tombe à son tour, par la fenêtre quelques jours plus tard. Après de telles coïncidences, les affirmations officielles selon lesquelles l'or du parti n'avait jamais existé, commencent à générer de sérieux doutes en Russie. Les décès, cependant, n'ont pas répondu à la question principale : où est passé l'argent ? » fin de citation. Les fortunes modernes disparaissent dans des comptes bancaires secrets, comme les trésors antiques étaient enfouis dans des caves et tunnels, mais dans les deux cas ils ne sont que le reflet de désirs d'égoïstes enrichissements personnels.

L'argent des services occultes est connu par un curieux document qui parvient à la presse en 1995. Dans ce document, des listes budgétaires sont établies pour les services de voyants et de mages, afin d'aider les candidats pendant la campagne électorale. A cette époque, la garantie de la sécurité du candidat au travers de l'aide d'un magicien, coûte 3 000 dollars par mois. Pour ensorceler toute la population d'une petite ville et les encourager à voter pour un candidat, il faut disposer de deux mille dollars. Le service extrasensoriel le plus peu coûteux, aider les candidats lors des apparitions en public, ce coaching de proximité coûte 150 $ par heure. De tels prix provoquent aujourd'hui des rires moqueurs, mais ces pratiques ont réellement eu lieu. Sous l'état-major général de la Russie de 1991 à 1999, un groupe secret de voyants travaille pendant de nombreuses années, leurs tâches consistent à assurer la sécurité de Boris Eltsine. Il y a des scientifiques, des guérisseurs, des astrologues. Le manager central est le Chef de l'état-major général de l'armée, Mikhail Moiseyev. Le groupe s'engage dans la collecte, le traitement, l'analyse et l'accumulation d'informations, au travers de perceptions extra sensorielles, quel que soit le degré de fiabilité et de confirmation. Peut-être cherchons-nous une logique permanente dans ce monde, alors qu'il n'y en a pas, mais avec le départ du magicien du Kremlin, le travail des sorciers au pouvoir n'a pas pris fin. Il est connu, qu'au premier mandat présidentiel avec l'administration de Poutine de 1999 au 7 mai 2000 a travaillé un parapsychologue, le colonel du renseignement militaire, le fameux GRU, Viktor Novikov. Le politologue Sergey Kurginyan, décrit Novikov comme un psychologue avec un glissement vers l'occultisme. Igor Oleinik, directeur de l'Institut pour les stratégies de développement et la sécurité nationale, déclare sans ambages que le groupe de Novikov, est lié à l'ancien groupe des sorciers de

Rogozin. Un peu plus tard l'administration Poutine l'a limogé, lui et ses semblables qui gravitaient autour de la structure d'état comme consultants, et ils se sont reconvertis dans la consultation privée grand public.

Pour la première fois, le capitaine de 1er rang, Alexandre Buzinov est présenté au public comme l'astrologue officiel du ministère de la Défense le 26 décembre 1997, dans l'émission de télévision de téléréalité de la chaine NTV très prisée à cette époque : « Hero du Jour ». Puis il participe à nouveau dans un reportage spécial du numéro du soir du programme NTV "Aujourd'hui" le 10 janvier 1998. Le public est informé que le spectre des prédictions de Buzinov et de son équipe est extrêmement large, couvrant les destinées des individus, les catastrophes, les événements politiques, etc. De plus il est fait référence à ses activités pour le gouvernement Eltsine dans le groupe des sorciers au service de l'ancien chef de l'Etat. Cela lui valut une clientèle spontanée pour les années à venir.

Le Parapsychologue Natalia Berestova (Наталья Берестова), confirme, que pendant le coup d'Etat d'Août 1991, un groupe de clairvoyants s'organise à la demande de Boris Eltsine, à l'époque elle était voyante débutante, cette dernière commence ses prestations pour le kremlin en 1990. Elle témoigne avoir contracté une grippe asiatique à l'âge de onze ans et en être décédée de mort clinique, avant de revenir à la vie. De 1981 à 1984, elle suit des cours à l'institut postuniversitaire VNIIIMT (заочной аспирантуре ВНИИИМТ), puis en 1990 elle parachève une formation au Centre médical scientifique à l'Académie de Commerce et des sciences médicales de l'URSS (Научно-коммерческом медицинском центре при Академии медицинских наук СССР), dans le cadre du programme : « diagnostic bioénergétique et massage sans contact », (Биоэнергетическая диагностика и бесконтактный массаж), avec le droit de guérir et d'enseigner.

http://xn-----6kcbloc2a7adddf8bihd9nzc.xn--p1ai/parapsychology/29/

Voyants, magiciens, sorciers, ont toujours été suivis dans les journaux, diffusés à la télévision, embauchés par le ministère de l'Intérieur de la Fédération de Russie, le marché privé des services occultes en Russie dépassé les 5 milliards de dollars. En 2014, des agents du département de la sécurité du FSB sont interpellés parce qu'ils sont soupçonnés d'avoir perçu un pot-de-vin d'un demi-million de dollars dans une affaire concernant l'enquêteur pour les affaires particulièrement importantes du département des enquêtes du ministère de l'Intérieur à Moscou, Alexandre Sidorov. Cette somme assez importante qu'il reçoit, d'un soi-disant groupe de médiums, porte sur 500 000 dollars, en échange de son intervention pour étouffer l'affaire de fraude à leur encontre, pour un montant de plus de 200 millions de roubles. Le Major-Général Vladimir Markin en dit quelques détails, selon son opinion : « les accusés de cette affaire criminelle, sont certains médiums, des voyants, qui ont extorqué pratiquement le dernier sou, de personnes âgées. Ayant consciemment touché un pot-de-vin, l'enquêteur et un avocat, ont probablement compris que cela pouvait être, littéralement, l'argent des malades. Au lieu d'agir strictement par la loi, pour punir ces escrocs, l'avocat et l'enquêteur ont pris le parti de ceux qui profitent cyniquement du chagrin des personnes âgées et malades », fin de citation. En octobre 2013, il a été annoncé qu'un groupe entier de faux médiums, mais véritables escrocs, avait été arrêté. La déclaration de la police de Moscou est la suivante : « les membres du groupe, sous prétexte de rendre des services extrasensoriels, étaient engagés dans des détournements de fonds » ... « les membres du groupe étaient dans la confiance des citoyens offrant de résoudre leurs problèmes familiaux et personnels, et pour cela il n'était pas nécessaire d'aller nulle part, le psychique lui-même effectuait à distance un certain nombre de rituels magiques », fin de citation. Selon le ministère de l'Intérieur de la Fédération de Russie, onze voyants, agissant sous différents noms, ont escroqué plus de 400 personnes, et le préjudice des dommages causés s'élevaient à plus de 200 millions de roubles.

TELEREALITE

La première émission de télé-réalité : « Derrière la vitre » (За стеклом), est l'un des projets les plus surprenants dans l'histoire de la télévision russe, diffusée sur les chaînes TV6, TNT et TVS, du 27 Octobre 2001 au 6 Juillet 2002. Le spectacle commence dans la nuit du 27 au 28 Octobre 2001, et dure un mois, sur 35 jours, l'audience de suivi représente jusqu'à 40% des téléspectateurs dans toute la nation.

L'opération télévisuelle se déroule entièrement à l'intérieur d'un Hôtel célèbre nommé : « RUSSIE » à droite de la Place Rouge. Les gagnants, Zhanna Agagisheva et Denis Fedyanin, touchent 15 mille dollars en équivalent roubles, bien qu'au départ on leur avait promis un appartement à Moscou. De plus, les sept participants ont bénéficié d'un voyage d'une semaine pour la Nouvelle-année en Finlande. Deux semaines après le début de la diffusion, le représentant du Patriarcat de Moscou, l'archiprêtre Vsevolod Chaplin, s'offusque que le programme soit d'un caractère orgiaque, incitant à la débauche, l'Eglise Orthodoxe Russe condamne ce genre de diffusions. La gagnante, Zhanna Agagisheva, fille d'un père fortuné, cultivée, sortie diplômée d'une prestigieuse université, rencontre le petit fils du président Eltsine, elle vit désormais avec les nouveaux riches, dans une demeure pour millionnaires sur Rublevka, un prestigieux quartier résidentiel dans la banlieue ouest de Moscou, situé le long de l'autoroute Rublyovo-Uspenskoye. Margarita Bokova, une autre participante à ces émissions de téléréalité, devient la première fille russe à faire l'amour en direct devant les caméras de télévision. La participante se rend toute nue sous la douche avec un homme, où ils copulent sans pudeur dans une relation intime complète. Par la suite, Margarita essaie sans succès d'obtenir un emploi pendant des années, les gens la considèrent comme une trainée. La particularité du concept, est que des milliers de personnes, regardant de l'extérieur à travers des murs en verre, et les participants eux-mêmes ne voient que des miroirs. En outre, l'appartement dispose d'environ 30 caméras installées y compris dans la salle de bains, TV-6 diffuse tous les jours ces événements. Il est interdit de communiquer ou de sortir dans la rue, de recevoir des lettres ou d'utiliser le téléphone à tous les participants. Chaque semaine, l'un d'entre eux est éliminé, le gagnant est obligatoirement un couple qui doit s'y former. Cette condition est indispensable pour l'attribution d'un logement, en fait, un studio d'une pièce à Moscou. Les filles n'hésitent plus à se laver nues sous la douche, à se promener dans l'appartement à moitié habillées, dans cette impudeur, les garçons, entament des flirts, on assiste à des étreintes, allant parfois jusqu'à la consommation de l'acte d'amour lui-même. Au résultat on s'aperçoit que les gens exigent plus de spectacles salaces, avec de la téléréalité, d'autres émissions de para-normalité, de voyance, de magie. Parmi les plus populaires les « Batailles » de mages, où s'affrontent voyants et magiciennes dans des épreuves divinatoires avec séances de guérison en direct. Des voyantes s'écrient déjà que l'hôtel est maudit, le démon y habite, c'est pour cela que les gens s'y adonnent à l'orgie. Cet hôtel était un des grands projets de la fin de règne Stalinien, sa reconstruction fut décidée sur le site de vieilles maisons démolies, d'un vieux quartier en plein centre-ville. Les habitants sont expulsés puis relogés loin en banlieue, alors qu'ils vivaient à cinq minutes du kremlin à pied. La hauteur du bâtiment est initialement prévue sur 32 étages, soit 275 mètres, dans un projet de l'architecte Chechulin, construire le plus grand complexe hôtelier du monde. La construction débute au printemps de 1953, la charpente d'acier s'élève fièrement jusqu'au huitième étage. Après la mort de Staline, les nouvelles autorités décident que la construction d'un gratte-ciel dans le voisinage immédiat du Kremlin n'est pas opportune, sinon ce serait devenue la « Huitième Sœur », du nom donné aux sept grands immeubles staliniens de la ville. La structure demeure alors en état de squelette durant dix ans. Début des années soixante, le projet ressort des cartons, puis confié de nouveau, au même architecte, Dmitry Chechulin. La construction s'achevé en 1967. L'hôtel, "Russie", se compose d'un complexe de quatre bâtiments de 12 étages, pourvus d'un rectangle fermé de 250 mètres, sur 150, formant la cour. La façade nord, donne sur la rue Varvarka, couronnée par une tour de 23 étages, dite la tour nord. La façade sud donne sur la digue Moskvoretskaya, divisée horizontalement par une galerie piétonnière. En 1971, dans le bâtiment sud s'ouvre une salle de concert pour 2500 sièges, qui devient l'une des principales salles de concert de l'Union soviétique. C'était à l'Est de la Place Rouge, face au Kremlin entre le Bolchoï Moskosvsky Most à l'Ouest, la Rivière Moscova au sud, les rues Varvarka au Nord, et Kitayrodvsky Proezd. Le nouvel hôtel est une source de fierté, comportant 3 182 chambres, pour 5300 personnes et figue au Guinness des records, jusqu'à ce que le vendredi 25 février 1977 à 21h23, les ampoules du panneau de contrôle d'incendie de l'hôtel signalent un feu. Presqu'au même moment, un employé de l'hôtel signale de la fumée au 13°étage de la tour nord. À 22h00, devant l'hôtel se concentrent déjà 56 camions de pompiers, le foyer gagne sur les étages les plus élevés, mais les lances ne portent pas au-dessus du 7ème étage. En pleine nuit 140 véhicules et 1600 pompiers combattaient sans relâche. Sur un des étages, le garde de service, dont le feu coupe le chemin du salut, appelle avec l'interphone de service, dit au revoir à sa famille. Lorsque son corps est retrouvé après l'incendie le téléphone est encore dans ses mains. Il a fallu quatre heures et demie pour circonscrire complètement le feu qui ravage des centaines de chambres, allant du 4ème au 17ème étage, sur une superficie totale de trois mille mètres carrés, occasionnant 42 morts, 1000 évacués. De plus, 52 personnes sont hospitalisées, pour une intoxication au monoxyde de carbone. Parmi les victimes figurent 13 pompiers tombés au feu.

Un certain nombre de pompiers sont convaincus d'un incendie criminel, indiquant que la combustion initiale n'a pas eu lieu en un, mais en plusieurs endroits. La conclusion finale des experts fut la suivante : « De manière catégorique et sans ambiguïté, la raison n'a pu être établie ». Après l'incendie, l'hôtel est restauré, demeurant un lieu prestigieux et emblématique de la capitale, bien que sa réputation soit sérieusement gâchée. En 2004, il est décidé de démolir l'hôtel. Les derniers visiteurs le quittent en décembre 2005, en mars 2006, le démantèlement commence. Une friche se forme durant des décennies, jusqu'au 20 janvier 2012, Vladimir Poutine et le maire de Moscou Sergei Sobyanin, décident d'y créer un parc pour le divertissement des citoyens et touristes face au Kremlin, au Sud du célèbre magasin Goum.

Le destin de cet hôtel « Russie » est étrange, on y rencontra dans ses salons, l'Union des sociétés scientifiques d'URSS comprenant le comité psychiatrique, qui étudiait les phénomènes paranormaux, y compris leur influence sur le comportement de larges groupes de personnes. Le comité sur la technologie de l'information bioénergétique était dirigé par Vlail Petrovich Kaznacheev de la branche de la ville sibérienne de Novosibirsk, de l'Académie des sciences de l'URSS. Ces scientifiques s'engagent dans des interactions à distance, menant à un grand nombre d'expériences divinatoires. En clair, des scientifiques travaillaient sur la parapsychologie et donnaient des conférences dans les salons de l'Hôtel Russie.

Selon Sergueï Vadimovitch Shaposhnikov, en parallèle à ces laboratoires expérimentaux scientifiques ainsi que ceux des KGB et GRU, le principal chef de l'état-major, le général d'armée Mikhail Moiseyev, propose sur sa propre initiative, de former un nouveau département paranormal, l'unité militaire 10003. Le colonel Alexei Savin en est nommé le commandant, son poste figure sur la liste du personnel de l'armée rémunéré. Pour les employés de l'unité militaire 10003, le plus haut niveau de secret a été exigé, il s'agissait de douze à quinze médiums triés sur le volet, parmi les plus talentueux du pays. Savin lui-même reçoit l'autorisation de faire un rapport direct au chef d'état-major général, sans passer par les intermédiaires de la voie hiérarchique normale. Au fil du temps, il leur est possible de développer une méthode spéciale pour l'entraînement en masse de médiums militaires, nulle part ailleurs dans le monde n'a été faite une telle chose.

LES EQUIPES PARANORMALES MILITAIRES

Des unités secrètes gravitant autour du sujet ovni en Russie sont connues, l'unité 10003 (части 10003) de Savin Aleksey Yourevitch (САВИН Алексей Юрьевич), ou l'unité (войсковая часть 67947) basée à Mytichtchi (Мытищи), une ville de l'oblast de Moscou, qui avait mis sur pied des équipes d'intervention pour se rendre sur les sites d'atterrissages ou de crash des ovnis.

Les opérations psychologiques d'influencer leurs émotions, déverrouiller leur raisonnement objectif et, en définitive, le comportement perceptif individuel, ressort du domaine des pratiques courantes de l'unité 10003. Selon les russes, les opérations psychologiques peuvent aussi aider des personnes à trouver en eux des ressources de développement, de renforcement personnel, de chercher aussi à atteindre des capacités sensorielles ou prémonitoires. L'emploi généralisé et systématique des opérations psychologiques dépasse le cadre restreint de la guerre, ses missions sont parfois contradictoires, hors des standards, les services de l'Etat allant jusqu'à recruter des scientifiques, mentalistes, experts en psychologie de masse, médiums amateurs et célébrités, des personnes charismatiques, des journalistes talentueux, des télépathes, c'est-à-dire des agents d'influence sur les autres. Le budget du KGB était d'environ trois milliards de roubles dans les années 80, il passait en 1990 à 4,9 milliards de roubles. Le salaire moyen d'un officier du KGB était d'environ 300 roubles environ 246 euros d'aujourd'hui en conversion de devises de l'époque. En 1989 le KGB se compose de 490 000 employés dont 220 000 sont des gardes-frontières, selon Vadim Viktorovitch Bakatin (Вадим Викторович Бакатин), les frais de fonctionnement de l'appareil central et de l'administration du KGB absorbaient la moitié du budget alloué. Vadim Bakatin nait le 6 novembre 1937, il a été le dernier président du KGB en 1991. Son petit-fils est Vadim Bakatin (Вадим Бакатин) né le 24 juin 1998 célèbre joueur de football international notamment pour l'AS Monaco FC. L'Etat allouait au SETKA AN, entité académique d'analyse et de recherches ufologiques, 40 millions de roubles minimums durant 13 ans, tandis qu'une unité du KGB portant le nom de l'unité militaire dix mille trois (в/ч 10003) perçut 5 millions de roubles de la part du Comité national de l'URSS pour la science et la technologie. Cette unité spéciale du KGB travailla à des activités secrètes très controversées, médiumnité, parapsychologie, études ufologiques, technologie OVNI ainsi que les champs de torsion. Les scientifiques russes auraient écrit près de 10.000 documents sur le sujet dans les seules années 1990.

http://www.neotrouve.com/?p=2725

Les recherches de l'unité 10003 dans le domaine des champs de torsion l'opération Projet Vent MNTS (МНТЦ Вент), pour résumer, l'étude des possibilités de l'existence de l'espace-temps, étaient basées sur les travaux du Dr Kozyrev, il découvrit que les pensées, les sentiments humains, pouvaient générer des ondes de torsion, le KGB réussit à entrer en contact psychique avec des ovnis réussissant à les faire venir à leur rencontre et réaliser des mouvements sans pouvoir entrer en communication réelle au sens où nous l'entendons. Cela se passait sur les bases de Kapustin Yar et de Vladimirovka, dans la région d'Astrakhan. Vadim Viktorovitch Bakatin travailla sur la base de Vladimirovka avec un autre général du FSB actuel, le service de contre-espionnage Russe Federalnaya Sloujba Besopastnosty Rossiskoï Federachyi (Федеральная служба безопасности Российской Федерации ФСБ России), cet autre général aujourd'hui à la retraite est Vasily Yeremenko, responsable à l'époque de la division du KGB supervisant la force aérienne et la fabrication d'avions à qui fut confiée la tache de recueillir la technologie des ovnis pour tenter de l'utiliser et la reproduire à des fins de fabrication. Selon Vasily Yeremenko, le programme « Technologie Ovni » aurait réellement débuté en 1980 à Vladimirovka, ce n'est qu'en 1989, soit huit à neuf ans plus tard que l'unité parapsychologique serait intervenue. Depuis les années 60 le KGB envisageait toutes les possibilités de capture d'engins spatiaux. « L'origine terrestre ou extraterrestre des OVNI n'a jamais été déterminée, mais certains responsables militaires croyaient qu'ils savaient comment les convoquer », fin de citation de la gazette « La Russie d'Aujourd'hui ». Le Ministère de la Défense chargea cette unité en 1989 d'explorer les possibilités pour l'utilisation militaire du paranormal, à la même époque la CIA faisait de même avec un programme rendu célèbre par la suite par une série télévisée. Le chef de la Division Paranormale du KGB sur le terrain, fut le Colonel Alexeï Yourevitch Savin qui sera nommé Lieutenant Général en 1997.

https://ru.wikipedia.org/wiki/%D0%92/%D1%87_10003

L'unité paranormale fut fortement critiquée par Edouard Pavlovitch Krugliakov (Эдуард Павлович Кругляков), un physicien président de la Commission de lutte contre la pseudo science et la falsification de la recherche scientifique. Ce dernier réussit à faire limoger ce groupe de travail spécial, l'unité militaire 10003 par le Ministère de la Défense qui le dissout en 2003. Edouard Pavlovitch décède le 6 novembre 2012 à Novossibirsk, l'unité 10003 ne fut plus jamais remise sur pied, elle ne survécut pas à ses attaques. Le responsable militaire de l'unité 10003 fut nommé général en raison des résultats obtenus, cette unité paranormale mise sur pied en 1989 survécut à la chute du KGB et des organes de l'Etat Soviétique en 1991, elle perdura de 1989 à 2003, c'est-à-dire 15 années. Aucune publication de leurs résultats n'a jamais été publiée, mis à part des interviews journalistiques. Entre 1991 et 1992, vingt officiers du KGB firent défection à l'Ouest, dix d'entre eux partirent aux USA, emportant avec eux des connaissances précieuses sur l'espionnage soviétique, aucun document ou information sur l'unité 10003 n'a filtré. Aujourd'hui le général Savin offre avec ses collaborateurs des séminaires privés de coaching pour les personnes désirant retrouver confiance en soi pour changer d'orientation personnelle ou développer en eux des ressources de perception paranormales si possible.

http://www.10003.ru/

L'article de la revue Komsomolnaya Pravda paru, le 6 Février 2016 intitulé « Médiums militaires se sont réunis sur les ordres de Gorbatchev », selon une Interview d'Alexeï Savin relate son témoignage personnel : « Je suis diplômé de l'Ecole Supérieure Navale de la Mer Noire P.S. Nakhimov, avec pour spécialité ingénieur Electronicien. Savin travaille pendant 16 ans dans l'un des meilleurs instituts soviétiques de recherche scientifique, l'Institut de Cybernétique Théorique top objet secret de l'industrie de la défense, maintenant Institut de recherche en systèmes aéronautiques. Les missiles de croisière, si à la mode aujourd'hui, furent inventés et conçus dans cet institut de recherche dans les années 60, bien avant les Américains. En 1986 on lui offre le poste d'officier supérieur de l'Office des armes du Ministère de la Défense de l'URSS, où il exerce avec un groupe étudiant les principes du mouvement dans le temps et l'espace, y compris les champs de torsion :

« Je me souviens, du battage médiatique autour de ces inconnus de la science des champs de torsion, qui peuvent censément faire tourner la machine à mouvement perpétuel, en fait, sur la base de ces idées, beaucoup ont essayé de construire une soucoupe volante, des générateurs, mais les effets spéciaux ne sont pas atteints. Plus tard, je faisais partie d'un groupe spécial d'analystes » fin de citation.

A la fin des années 80 un groupe de médiums est recruté par le Ministère de la Défense pour rechercher les navires disparus, les sous-marins ennemis, pour deviner le sort des personnes, les diagnostiquer, les traiter ...

Savin devient chef de projet du groupe analytique médiumnique chargé de rédiger un rapport à la direction du ministère de la Défense : « J'ai mis en place une commission de médecins, physiciens, militaires et scientifiques civils. Nous avons commencé à étudier la capacité de ces médiums » fin de citation.

Parmi eux figurent l'Académicien Yuri Gulyaev et le professeur Edward Godik de l'Institut de Radio Ingénierie et Electronique créé pour vérifier ces phénomènes, ainsi que l'Académicien Nikolai Devyatkov, Héros du travail socialiste, lauréat du prix Lénine, qui contribua à l'électronique militaire et médicale :

« Il m'a appelé, écoutant attentivement les résultats des examens. Immédiatement, il propose une administration spéciale pour les capacités humaines inhabituelles, y compris psychiques » fin de citation. Savin évalue les médiums par des expériences, les capacités extrasensorielles soigneusement examinés à la lettre, puis signale au Ministère que 80% des prétentions de certains n'ont pas été confirmées. La fameuse règle de Pareto à 80/20. Donc 20% des capacités sont avérées, un petit groupe de personnes est exceptionnellement doué, le chef d'état-major général, le général d'armée Mikhail Moiseyev est très intéressé par elles. Le colonel Savin donne le nom de 10 personnes, et le bureau du général Moiseyev crée l'unité 10003 au sein de l'Etat-major Général, dans la région métropolitaine de Kropotkine. Puis vint un certain nombre d'autres points de référence dans divers quartiers généraux, des instituts de recherche, institutions militaires et civiles pour poursuivre des études dans les domaines « non conventionnels. « Plus tard, j'ai appris que dans le même temps l'état – major avait fait appel au président général du

KGB le général Nikolai Sham sur une proposition visant à organiser le travail avec des médiums et d'autres phénomènes » fin de citation.

Madame Natalia Petrova Ankylosante, un neuroscientifique de renommée mondiale, académicien de l'AMS URSS Académie des Sciences, directeur de l'Institut du Cerveau, petite-fille d'un psychiatre russe éminent, l'académicien Vladimir Bechterew est contactée par Savin qui la rencontre à Leningrad. Natalia Petrova suggère à plusieurs reprises, l'étude du phénomène de Vanga. De grands leaders russes sont venus rencontrer Baba Vanga, une voyante bulgare aveugle, elle leur donne des conseils pour l'avenir. Très vénérée en Russie, les russes lui consacrent même des séries télévisées. Une foule de gens se ruait devant sa maison à Roupité près de Sandanski-Melnik en Bulgarie, il existe plusieurs récits de l'exactitude de ses visions. Elle perdit la vue quand elle était jeune et depuis elle conservait ce don.

Avec l'argent fourni par le ministre des Finances Valentin Pavlov, le futur premier ministre de l'URSS, l'unité militaire secrète démarre avec un budget spécial d'environ 100 millions de roubles par an (1 milliard trois cents millions de budget englouti en 13 ans si l'on extrapole). Ce financement est intégralement renouvelé après l'effondrement de l'Union soviétique, jusqu'à la fermeture du projet et la dissolution de l'unité paranormale de l'armée en 2003 :

« Pavlov était très intéressé par les progrès de notre travail. Toutes les deux semaines, je le rencontrais avec le Premier ministre à la maison en toute sécurité, et lui ai rapporté en détail les progrès de la recherche, des expériences et des développements pratiques. En tant que personnalité d'État avec la pensée publique il comprenait la menace, si l'adversaire distant était en mesure d'influer et gérer nos cerveaux à distance sous l'influence de mentalistes. Dans le même temps, je voulais créer avec l'aide de notre unité une nouvelle élite du pays, pour un super-soviet du gouvernement. Le chef de l'Etat- major était au courant et savait tout à propos de mes rencontres avec le premier ministre » fin de citation.

L'unité militaire 10003, s'est réunie dans le désert d'Ouzbékistan sur les instructions de Gorbatchev, monsieur Mark Milhiker témoigne qu'un jour particulier de Juin 1991, dans le désert du Kyzylkum débarque un groupe de médiums en quête de contact avec la civilisation terrestre. Gorbatchev valide le processus, Savin envoie une lettre au ministre de la Défense Yazov Milhiker qui expédie le document au chef d'Etat-Major. Moiseyev qui appose résolution "Accepter", signé le responsable en chef des forces armées de la défense aérienne. Savin prend l'avion pour rejoindre son équipe dans le désert de Kyzylkum où ils attendent toute la nuit autour du feu ... et les OVNIS et ne se présentèrent pas. Savin revient et rapporte au gouvernement l'échec de l'expérience. La revue Komsomolskaya Pravda publie fin des années 90, un entretien avec l'ancien général Boris Ratnikov, au sujet des magiciens et médiums dans les agences de renseignement du monde, il parle du général Rogozin. Selon les dires de Ratnikov, Rogozin, accueillit au Kremlin de nombreux escrocs adroits. Ainsi, l'un de ses protégés, le très célèbre Grigory Grabovoy, venu d'Ouzbékistan, recevait de l'argent pour un contrôle extrasensoriel sur les avions de ligne. Grabovoy et Rogozin devinrent membres de l'Académie Internationale de l'Informatisation. Boris Ratnikov parle aussi de ce déplacement de l'unité extra sensorielle 10003, l'affaire des ovnis d'Ouzbékistan débute ainsi :

« En 1990 ou 1991, le ministère de la Défense reçoit soudainement une lettre de Gorbatchev, disant qu'il est nécessaire de se rendre en Ouzbékistan pour rencontrer des représentants de civilisations extraterrestres. Quelqu'un avait écrit une note au président Gorbatchev, l'informant qu'il possédait des informations, suivant lesquelles, des extraterrestres viendraient là-bas, pour établir des contacts avec notre civilisation ».

Gorbatchev lit le courrier puis rédige sans aucun commentaire, faire passer à Yazov, ensuite, Yazov annote sur le document et sans commentaire « À Moiseyev », le chef de l'état-major général Moiseyev à son tour, le transmet à Tretyak, le commandant en chef des forces de défense aériennes, finalement le Général Savin convoque l'auteur de la note pour parler avec lui. Les batteries de défense aérienne de la frontière Sud en Ouzbékistan furent désactivées sur ordre de Gorbatchev, pour ne pas intercepter les extraterrestres et les laisser passer. Savin se rend à Tachkent avec une équipe, et l'homme qui avait écrit la note, ils attendirent cette venue en vain. Savin rapporte au journal Komsomolskaya Pravda : « Nous avons préparé et formé pour la Marine quelques groupes qui travaillent toujours avec, préparés par nous avec 80-85 pour cent de précision sur des cibles terrestres trouvées à la fois sur la carte et sur le terrain. Les groupes opérationnels de suivi sont des médiums capables de percevoir et de connaître les détails de la santé des officiers, les qualités personnelles et l'aptitude au service de presque tous… » fin de citation. En 1990, il y eut une attaque contre un entrepôt d'armes dans une ville militaire près de Tbilissi, l'agent extrasensorielle fut capable de résoudre le crime, et trouver les complices sur une liste de suspects, ce même officier identifia sur la zone de la carte le lieu où les armes volées étaient cachées. Dans cette même année 1990, au sein du Groupe soviétique des forces en Allemagne, deux soldats volent des armes avant de déserter. La police allemande et l'Armée Soviétique ne les trouvent pas. Les médiums de l'unité perçoivent l'itinéraire des fugitifs, ils situent l'emplacement où ils se cachent, puis les fuyards sont capturés sans un seul coup de feu, sans effusion de sang. Les fugitifs ont été surpris, ils croyaient qu'on ne les trouverait jamais. La grande récolte de résultats fut à l'automne 1993, en un mois l'unité extrasensorielle de médiums réussit, en collaboration avec le personnel du ministère de l'Intérieur à révéler plus d'une centaine de crimes, trouvé 15 maisons planques, avec des caches d'armes. L'unité travaille dans le Caucase et d'autres points chauds. Le gros problème est de déterminer les voies de livraisons d'armes illégales, les stupéfiants, les capitaux alimentant le terrorisme et les mafias. Travailler en collaboration avec les médiums donne d'excellents résultats à la sécurité nationale : « Nous avons non seulement empêché de nombreux transits de marchandises illégales, mais également identifié les personnes à l'étranger, et la réalisation de la planification et l'organisation d'activités subversives » fin de citation. Au début des années 2000, la situation change dans le ministère de la Défense, à la fin de 2003, le président publie un décret sur la liquidation de l'unité paranormale il est difficile de dire pourquoi la direction en a décidé ainsi, puisque le département de la formation des officiers-médiums de l'Académie de l'Armée de l'Air n'a été liquidé qu'en 2011, par le ministre de la Défense Serdioukov.

L'Union soviétique prit au sérieux les ovnis. Le KGB et le ministère de la Défense soviétique avait des unités spécialisées pour la collecte, l'analyse des informations sur les activités paranormales. Les experts militaires ont même prétendu savoir convoquer les OVNIS pour prendre contact avec eux. La source en est un important FSB général à la retraite et chercheur, Vasily Yeremenko. Yeremenko était responsable de la division du KGB supervisant la force aérienne et la fabrication d'avions prototypes expérimentaux. A la division de Yeremenko fut confiée la tâche de recueillir tous les rapports d'observations d'OVNIS. Dans les années 1970, comme il dit à un journaliste de RBTH : « Il y avait eu une accumulation de rapports sur de nombreux incidents paranormaux, les troupes de missiles ont même été informées sur la façon de se comporter dans le cas où ils repèrent un OVNI, la chose principale est de ne pas agir d'une manière qui pourrait créer l'occasion d'une agression de rétorsion » fin de citation. Au début des années 1980, une expérience pour convoquer un OVNI est mise en place dans un champ de tir et d'expérimentation militaire de la région d'Astrakhan, Kapustin Yar. Ici, les experts réalisent que les ovnis viennent fréquemment observer les zones de tension accrue par exemple, lors des essais d'armes, ou quand il y a beaucoup de matériel militaire accumulé dans une région. La possibilité de l'attraction suscitée par la présence d'énergie nucléaire reliée avec ces essais militaires conforte cette possibilité, peut être comme source d'alimentation probable ou autre :

« On pourrait dire qu'au cours de cette expérience, nous avons appris à convoquer un OVNI. Pour cela, nous concentrions une forte augmentation du nombre de vols effectués par des avions de combat avec beaucoup de mouvement du matériel » Dit Eremenko. Selon lui, la plupart des objets inconnus ressemblait à des sphères lumineuses, l'évènement le plus célèbre survint en 1989, ces phénomènes sphériques lumineux capables d'apparaitre ou disparaitre, de se déplacer en lévitation sans changer de hauteur puis de partir rapidement à un angle inattendu furent parfois accompagnés de rayons verticaux ou perpendiculaires tels des cônes de projecteurs.

Les militaires, ainsi que les scientifiques participant à l'expérience, en sont venus à trois conclusions principales. Tout d'abord, ceux-ci peuvent être des phénomènes naturels que la science moderne n'est pas encore en mesure d'expliquer. D'autre part, ceux-ci peuvent être le fait des États-Unis ou d'équipement de reconnaissance japonais. Enfin, ceux-ci peuvent être des objets extra-terrestres.

En 1990 sur la base d'Akhtubinsk, l'Institut de recherche d'État de la Force aérienne change de nom pour devenir l'actuel Centre d'essais en vol du ministère de la Défense GNII VVS nommé V. P. Tchkalov (Государственный летно-испытательный центр Министерства обороны имени В.П. Чкалова. - ГНИИ ВВС).

De 1920 à l'heure actuelle, le centre d'essais teste plus de 390 modèles d'avions, tous des prototypes d'essai secrets à l'origine, dont 280 modèles ont été mis en service. Tous les missiles air-air (воздух-воздух), crées en URSS et par la suite la Fédération de Russie y furent testes. L'Institut de recherche et de tests fut visité par les dirigeants de l'Etat, par exemple, le 2 Septembre 1958 à Akhtubinsk arrivé le premier secrétaire du Comité central du PCUS et président du Conseil des ministres Nikita Sergueïevitch Kroutchev. En mai 1971, la ville et l'Institut reçoivent une grande délégation gouvernementale avec Brejnev Leonid Illich, Podgornyy Nikolay Viktorovich, Kossyguine, Alexei Nikolaïevitch. On leur montre un combat simulé aérien d'entrainement, entre un MIG 21 et un MIG 23 C. Le 10 mai 1996 dans le cadre de la tournée préélectorale est venu à Akhtoubinsk le premier président russe, Eltsine Boris Nikolayevich, il décerne un certain nombre de récompenses d'État à des pilotes d'essai dont l'ordre de héro de la Russie à l'honoré pilote d' essai de l'URSS, le major général d'aviation, citoyen d'honneur de la ville d'Akhtubinsk, Victor Martynovich Chirkin, il décore aussi deux pilotes d'essai de la Fédération de Russie, de l'ordre des héros de la Russie, Aleksandr Mihaylovich Raevsky et Nikolai Fedorovich Diorditsa. Eltsine est accompagné de quelques voyants mentalistes de son cercle d'initiés.

Seize années plus tard, le Décret présidentiel du 30 Mars 2012 numéro 347 décerne le titre de Héros de la Russie pour leur courage et leur héroïsme dans l'accomplissement du service militaire, à titre posthume aux pilotes d'essai, les colonels Alexandre Pavlovich Kruzhalin et Oleg Leonidovich, décédés en mission au cours d'un vol expérimental. Les pilotes ont trouvé la mort le 23 Juin 2011, dans un accident d'avion lors de l'exécution des manœuvres complexes au cours d'un vol d'essai sur MiG-29 KUB, décollant de l'aérodrome Akhtubinsk (Ахтубинск). L'avion avait une vitesse ascensionnelle de 6500 mètres par minute sur un plafond de plus de 18 000 mètres pour atteindre en vol 2445 km/h, il sera en 2012 Il le quatrième avion de combat le plus utilisé dans le monde avec entre 850 et 860 avions en service soit 5 % de la flotte mondiale d'avions de combat en activité. La base est à la pointe de tous les progrès aéronautiques internationaux.

LES PARAPSYCHOLOGUES DU KGB
A VLADIMIROVKA

La source de cette histoire, est un major général du FSB, le service de renseignement Russe issu de l'ancien KGB, un général en retraite, aminci, les cheveux blancs, apparu aux journalistes en uniforme officiel. À l'époque du KGB, Yeremenko était en charge de la division du KGB supervisant les forces de l'Armée de l'air et la fabrication des avions, c'était à sa division que l'on confia la tâche de recueillir tous les rapports et aussi d'espionner les cas intéressants d'OVNIS, décelés par les SETKA AN et AM. Nous abordons les X-Files du ministère de la Défense soviétique, exposés au public le 21 février 2013. À l'époque soviétique, le ministère de la défense travaille sur un projet secret visant à créer un surhomme, en tout cas, un homme ordinaire, mais avec des capacités paranormales d'analyse technique et d'anticipation psychique. Les cours comprennent des tests psychotechniques, logiques, coercitifs, et des tentatives de divination sur des cartographies, des objets enterrés au sol, des quilles placées derrière vous avec différentes couleurs, tout un arsenal de tests techniques de logique arithmétique et divinatoire. Dans le cadre de ce projet, un groupe de scientifiques réussit à entrer en contact avec une civilisation étrangère, ce qui nous semble impossible. Le commandant en chef de ce projet top-secret partage quelques détails avec les journalistes pour la première fois en 2013, ce qui était du jamais vu auparavant en Russie. Le General Russe d'où sont sorties ces informations est un vétéran des services d'espionnage et renseignement Russes, avec près de 25 ans de sa vie, donnés au service dans le domaine lié aux ovnis, Vasily Alekseevitch Eremenko, (Генерал-майор в отставке ФСБ России Василий Алексеевич Еременко более 25 лет своей жизни отдал работе). Ses livres sont officiellement publiés et affichés sur le site d'Etat du service de renseignement du FSB sans complexe, sur les thèmes liés aux soucoupes volantes. Il est membre du comité des anciens combattants, membre de l'Union des écrivains de la Russie, général du KGB en retraite, officier supérieur du FSB de réserve active, professeur enseignant Académicien de l'Académie de Sécurité de Défense et de l'application de la loi. Le Général participe de nos jours à de très nombreuses conférences publiques sur les ovnis en Russie :

http://via-midgard.info/news/in_russia/videomaterialy-s-konferencii-xlii-zigelevskie.htm

http://aeninform.org/konferentsiya/3039-xlii-zigelevskie-chteniya-programma-konferentsii-23-marta-2013-g

Le Général Vasily Yeremenko, major général en réserve et académicien, demeure le premier officier supérieur à parler officiellement sans pudeur à la presse en son nom et au nom du FSB, auquel il est toujours rattaché comme officier supérieur de réserve. A l'époque soviétique il servit dans le KGB et supervisa le travail et le développement de la technologie expérimentale liée à l'aviation en lien avec l'Armée de l'Air. Parmi ses missions, la collecte d'informations par l'Armée de l'Air sur des faits d'apparition des objets volants non identifiés, la recherche de toutes technologies liées à cela, par tous les moyens disponibles. Selon Vasily Yeremenko : « A cette époque il y avait une grande quantité de ces informations ». Un second général Russe corrobore ses dires, un jour d'hiver à Moscou, dans le confort d'une chambre avec une cheminée, les journalistes reçoivent un senior, fonctionnaire retraité du ministère de la défense, le lieutenant-général de réserve, membre de l'Académie des sciences naturelles Alexeï Yourevitch Savin (Алексей Юрьевич Савин), le crâne chauve, en tenue d'apparat de général, il déclare que du début à la fin des années 1980, un groupe de chercheurs de l'Unité de Gestion des Experts de l'état-major général a réussi à entrer en contact avec les représentants d'une autre civilisation. Fait très intéressant, aucun des journalistes présents n'est particulièrement surpris. Car l'unité B/ч 10003, avait commencé à faire parler d'elle depuis que ses membres constitutifs de l'époque, avaient mis sur pied un institut privé dédié à continuer à perpétuer leurs travaux dans la vie civile. L'unité 10003 fonctionna avec 15 membres hommes, et trois membres femmes permanents de 1989 à fin 2003. Constituée par le général en chef d'Etat-major de l'Armée Rouge Mixaïl Alekseevitch Monseev (Михаи́л Алексе́евич Моисеев) qui lui fit allouer un budget de 5 millions de roubles par an durant quinze ans. Travaillant pour le ministère de la défense soucieux de tester tout comme les nord-américains les possibilités extrasensorielles (Экстрасенс), au sein de l'armée. Un ensemble de personnes particulièrement douées dans ce domaine furent recrutées. Article de Monsieur Pitichkin : « Le secret de l'unité 10003, Gazette Russe hebdomadaire très lue, n° 5078 du 30 décembre 2009 (Российская газета-Неделя, № 5078 (254),30.12.2009).

Et un second article de Chleinov sur les pratiques extra sens au sein de l'armée de l'unité 1003, Nouvelle Gazette N° 23 du 21 mars 2003 (Новая газета, № 23, 31.03.2003).

Comment ne pourrait-on pas croire le général Savin, les unités de missiles à Kapustin Yar, établissent une directive en cas de détection d'OVNIS. La tâche principale consiste à ne pas créer des opportunités pour une agression réciproque. En 1983- 1984 sur les terrains d'essais de Vladimirovka, au sud de Kapustin Yar, le ministère de la Défense et le KGB organisent une étude à grande échelle des phénomènes paranormaux, et c'est là que les généraux Savin et Yeremenko travaillaient.

Le site d'entraînement militaire n'a pas été un choix aléatoire. Les experts sont longtemps parvenus, à la conclusion que les OVNIS apparaissent inévitablement dans des endroits où les équipements militaires et les armes sont testées, les experts réalisent que les OVNIS sont fréquemment observés dans les zones de tension accrue, par exemple, pas seulement lors des essais d'armes, mais aussi quand il y avait beaucoup de matériel militaire et d'activité intense réunis ensemble, condensés dans un seul secteur. La base de Vladimirovska, au sud du Polygone ultra secret de Kapustin Yar, servait de centre de recherche en contact avec des liens extraterrestres. Tout comme elle préparait les futurs astronautes, ou formait des pilotes d'avions de chasse expérimental de prototypes d'avions inconnus, dont les noms étaient des numéros. Le Général aux cheveux gris raconte : « Nous pouvons dire que nous avons appris à appeler les OVNIS à venir sur Vladimirovka. Pour ce faire, nous avons considérablement augmenté le nombre de vols militaires et le mouvement de l'équipement. Lorsque l'intensité de notre activité a augmenté, les OVNIS sont apparus avec une probabilité de 100 pour cent » fin de citation. Selon Yeremenko, il y aurait une forte augmentation du nombre de vols effectués par des avions et fusées de combat et beaucoup de mouvement de matériel aérien inconnu. Puis « les OVNIS sont apparus », déclare Yeremenko, selon lui, la plupart des objets ressemblaient à des sphères lumineuses. Au fil du temps, tous les participants à l'expérience sont devenus tellement habitués à ces phénomènes qu'ils les ont conclus pour acquis. Certains ont même essayé de prendre contact personnellement en direct avec les objets, ils pratiquaient comme ceci : « Une personne sur le terrain agitait les bras, deux fois à droite, deux fois à gauche, la boule lumineuse dans le ciel semblait réagir, se balançant deux fois à droite, puis deux fois à gauche. Nous n'avions aucune idée de comment expliquer cela », fin de citation. Ce témoignage de Yeremenko est surprenant. Ce que ne raconte pas dans le détail le général, c'est que des tests de stimulation avec d'infimes émissions électriques sur certaines parties du cerveau de médiums auraient permis aux soviétiques de trouver une fréquence intéressante de sollicitation, par laquelle les télépathes seraient arrivés à appeler quelque chose que nous qualifierons d'inexpliqué, et des soucoupes volantes vinrent en réponse à cet appel, sans que cela ait constitué un langage de communication.

Après six mois de tests, l'autorité de la commission d'étude secrète en vient à trois conclusions : « Tout d'abord, la science moderne n'a pas été encore en mesure d'identifier de tels phénomènes. Deuxièmement, ce pourrait être un équipement de reconnaissance des États-Unis ou du Japon. Troisièmement, il pourrait y avoir un impact d'une civilisation extraterrestre », fin de citation, les généraux de disent pas ce qu'il advint lors des 14 années et demi qui suivirent ni ce qu'ils ont fait :

« Le sujet OVNI, est aujourd'hui omniprésent, précisément à cause de sa nature scandaleuse auprès des scientifiques sérieux qui ne sont pas disposés à donner leur position sur cette question. Les pilotes voient souvent ces objets, mais ils ont un devoir de réserve et de confidentialité auprès des militaires, alors seuls certains astronautes, peuvent se confier dans leurs conversations sur leurs expériences et rencontres avec les OVNIS, mais eux aussi ont peur de parler publiquement de cette chose » fin de citation, selon Vasily Yeremenko. Il croit que ce sujet nécessite une approche sérieuse, car il est une question de sécurité. Pourtant, c'est encore un sujet clos à la fois aux États-Unis et en Russie. Le lieutenant-général Alexeï Savin, révèle certains aspects de l'engagement du ministère de la Défense. Il a dirigé l'Unité de Gestion Experte de l'état-major général, dont la tâche est d'examiner sur un aspect pratique expérimental divers phénomènes extrasensoriels. Le projet principal de l'unité 10003 était un programme d'Etat sur la découverte des ressources humaines intellectuelles hors normes. L'objectif du programme, identifier des façons de développer le travail du cerveau humain dans un traitement spécial rendant une personne surdouée, dans le sens de pouvoirs télépathiques entre autres à condition qu'elle soit dotée de prédispositions. Le Conseil scientifique du programme est dirigé par un académicien, Natalya Bekhtereva, une survivante du siège de Leningrad, qui jusqu'à sa mort le 22 juin 2008, demeure directeur scientifique de l'Institut du cerveau humain.

https://en.wikipedia.org/wiki/Natalia_Be khtereva

Plus de deux cents professionnels hautement qualifiés venant de partout dans le pays ont participé au programme, d'une façon ou d'une autre :

« Dans le processus de recherche, nous sommes arrivés à la conclusion que l'homme avait un système d'énergie psychique qui reçoit des informations de l'extérieur. Voilà précisément pourquoi un être humain peut manifester des capacités paranormales » fin de citation d'Alexeï Savin. Afin d'identifier cette source d'information externe, trois groupes sont constitués. Un groupe est formé par les scientifiques, une autre par des militaires, et le troisième se compose entièrement de femmes. Le groupe de femmes aboutit aux progrès les plus importants. Savin expliqué qu'ils voulaient réaliser un contact avec des représentants d'autres civilisations : « Et nous l'avons fait » fin de citation. Selon lui, une méthode spéciale a été développée qui permit au cerveau humain d'accrocher un contact :

« Nous avons dû ajuster l'énergie du cerveau humain sur une onde particulière, comme un réglage d'onde radio » selon Alexeï Savin.

AKHTUBINSK
LA BASE SCIENTIFIQUE AERIENNE ET PARANORMALE

En 1989, dans l'ex URSS, naquit une unité nommée 10003. Il y existait beaucoup de rumeurs à son sujet, car même pour le ministre de la Défense de 1987 à 1991 Dmitri Tymofevitch Yazov (Дми́трий Тимофе́евич Язов), son activité était un mystère complet.

https://ru.wikipedia.org/wiki/Язов,_Дмитрий_Тимофеевич

Selon le ministre de la défense ces expériences de contrôle mental des individus en lien cosmique avec les extraterrestres, n'avait pour autre but que le développement d'armes asservissant l'esprit, toute le reste, les ovnis ne serait qu'un rideau de fumée cachant le but réel des travaux. Un article parait, concernant l'entrevue avec son ex-commandant avec Dimitri Besedoval Sokolov (Беседовал Дмитрий СОКОЛОВ) en décembre 2012 intitulé Enigmes et secrets - Stages (Загадки и Тайны - Ступени).

Voici des extraits de la rencontre avec le lieutenant-général de l'état-major général des forces armées Russes à la retraite, Alexeï Yurevich Savin.

« Trouvons où se trouve la vérité ».

« - Alexeï Yurevich, autour de l'unité que vous commandiez, montent en flèche beaucoup de contes et fables. Dans quoi est réellement impliquée cette unité militaire ?

« Bien sûr, la plupart des gens parlent de l'unité militaire 10003, et cela n'a aucun rapport avec la réalité. En fait, cette unité était principalement engagée dans l'étude des capacités surhumaines. Et l'un des principaux objectifs était de créer des méthodes par lesquelles une personne ordinaire peut voir développer des possibilités inhabituelles. Donc, il pouvait mémoriser un grand nombre d'informations, et faire fonctionner dans son esprit dans un grand nombre de flux d'informations. En bref, pour révéler l'extraordinaire créativité des capacités psychiques…. Et il est important de développer les possibilités phénoménales de l'homme inhérentes à sa nature, mais pas banal de rassembler de tout le pays des personnes ayant des capacités psychiques » fin d citation.

Источник: http://joy4mind.com/?p=6413#ixzz4f50oxTLH

Unité militaire 10003

https://ru.wikipedia.org/wiki/В/ч_10003

Essais télépathiques avec des sous-marins

http://round-the-world.org/?p=1288

Rossickaïa gazeta – semaine n° 5278 (254) Российская газета - Неделя №5078 (254)

https://rg.ru/2009/12/30/taina.html

En Décembre 1989, au sein de l'état-major général apparait une unité militaire secrète 10003, alors même que le ministre de la Défense Dmitri Iazov ne sait pas exactement que fait son personnel dans ce nouveau département de l'état-major général des Forces armées de l'URSS, alors entièrement sous ses ordres. Il convient de rappeler comment tout a commencé. Au cours des dernières années de la perestroïka en URSS le ministère de la Défense est approché par un groupe de militaires qui propose d'utiliser des clairvoyants pour exploiter leurs capacités extraordinaires. Ils promettent d'aider à la recherche des navires et avions portés disparus, de prévenir une variété d'urgences, aider au traitement des soldats gravement malades et blessés. A l'époque rien n'eut été possible si le chef de l'Etat lui-même n'avait pas été intimement convaincu des pouvoirs paranormaux de certaines personnes. Il en fit part au sein des personnes de son premier cercle, notamment l'officier en charge de la sécurité présidentielle, ce dernier contacta l'Etat-major général au nom du président et ce projet fut mis sur pied. Une analyse minutieuse de leurs propositions eut lieu, en conséquence, le chef d'état-major de l'armée, le général Mikhail Moiseyev, propose la formation d'un nouveau service, ce sera l'unité militaire 10003. Mais pouvait-il refuser la proposition du président au risque de perdre sa place et être limogé ? Le commandant chargé de diriger ce personnel, fut nommé en la personne du colonel Alexei Savin, poste qui le conduira à être nommé général par la suite. Le nombre d'employés comprenait les spécialistes militaires les plus brillants et talentueux avec des pouvoirs intellectuels extraordinaires, tous étaient des civils. Cette décision inhabituelle a été rendue possible parce que les États-Unis, sous les auspices du Pentagone et en contact étroit avec la CIA travaillent à cette époque sur une équipe de scientifiques contre l'Union soviétique, afin de résoudre le problème de l'utilisation des capacités humaines inhabituelles dans l'intérêt de l'armée et de l'intelligence. Un travail similaire a été réalisé en Chine, Israël, en Allemagne, en France et plusieurs autres pays, c'est comme on dit alors, dans l'air du temps. Le domaine paranormal trouva un essor exceptionnel dans le travail de l'espionnage bien que concrètement on ne connaisse aucun espion télépathe. Les mentalistes comportementaux, les devins ou télépathes sont très distincts des personnes capables d'assumer avec aplomb n'importe quel rôle ou métier sans rien laisser transparaitre de leur identité initiale. Les espions sont des caméléons, Savin se proposait de réaliser un programme pour mixer les deux.

Il est surprenant de constater que la Russie au moment de la perestroïka, baignait dans ces atmosphères d'occultisme, beaucoup de personnes y croyaient dur comme fer. L'unité 10003, fascine, tout cela n'est pas une fiction, mais un fait bien réel, leur travail est perçu par beaucoup à ce jour, comme une sorte de tromperie. Les années quatre-vingt-dix sont les années d'effondrement sociétal soviétique suivies de stagnation économique. Au cours de ces périodes de l'histoire il y a toujours une foule de clairvoyants, charlatans, toutes sortes de mages qui gravitent autour du cercle du pouvoir dirigeant le pays. On ne connait pas tous les sujets du travail de l'unité 10003, il y a une croyance persistante que certains charlatans y travaillaient mais ce ne fut pas le cas, les thèmes que ces militaires abordèrent suffisent eux même à créer une source de légende. Initiée en 1989 l'unité est budgétée à hauteur de 5 millions d'euros d'aujourd'hui, cette même année, début 1990 les membres de l'unité perçoivent une information psychique sur une éventuelle explosion nucléaire en Angleterre à Glasgow, les attendus de la nature de l'incident encouru furent communiqués aux autorités de Grande Bretagne, elles s'avérèrent authentiques. Savin dira que pendant la première guerre tchéchène ses subordonnés ont deviné des champs de mines aux unités combattantes, déterminé l'emplacement des postes de commandement tchéchènes, et la direction des attaques terroristes. En 1997, le commandant de l'unité 10003 contrôlée par l'état, le colonel Savin reçoit le titre de lieutenant général d'Etat-major des forces armées. Il emploie des télépathes, des médiums civils hommes et femmes, et nous pouvons avoir du mal à imaginer ce général travaillant sur des dossiers tels que les champs de torsion (voyages dans le temps), le dossier du MNTS (МНТЦ) nommé VENT (Вент), étendant des ramifications avec le Comité national de l'URSS sur la science et la technologie. Fortement critiquée par Kruglyakov, le président de la Commission de lutte contre la pseudoscience et la falsification de la recherche scientifique, l'unité est dissoute en 2003, les dirigeants du pays ont changé, l'opinion publique aussi Le programme paranormal Russe avait survécu sept ans au programme américain de la CIA qui avait pris fin en 1995, dont la légende demeure.

http://www.qsec.ru/node/3138

Le 10 décembre 2015 à 17h00, au Centre des médias Rossiyskoy Gazeta (Российской газеты), est présenté le livre « Guerre Psi- Est et l'Ouest », écrit conjointement par des militaires ou des scientifiques américains et russes. Le livre parait aux Etats Unis en langue anglaise puis en Russie. Les participants à ces projets secrets dévoilent pour la première fois l'existence même, des subtilités de leur profession dont peu se savait, même dans leurs pays respectifs au sein des services auxquels ils ont évolué. Il est probable que l'on ne saura jamais réellement quels étaient concrètement les activités de ces personnes. Peu ou pas d'archives, des témoignages exagérés, et des personnes qui se vantent pour bénéficier d'une publicité planétaire. Parmi eux sont des généraux, colonels, docteur ès sciences, sur leurs épaules reposaient de réelles réalisations dans les activités de renseignement ou la lutte contre le terrorisme international. La création de programmes éducatifs, devant permettre aux gens ordinaires de développer leurs capacités, sont honorables, mais s'ils ont obtenu de tels résultats pourquoi n'ont-ils pas été poursuivis ultérieurement, dans le civil ou le militaire ? La présentation du 10 décembre 2015, est suivie par les témoignages d'anciens agents secrets, du KGB de l'URSS, du département américain de la Défense, du ministère de la Fédération de Russie des affaires intérieures de l'URSS et de la Fédération de Russie :

• Edwin Charles, docteur en physique, le dernier directeur du programme d'exploration psychique du gouvernement américain « Stargate » (USA).

Actuellement chef du laboratoire de recherche fondamentale à Palo Alto, en Californie.

• Savin Aleksey Yurevich (Савин Алексей Юрьевич), lieutenant-général, docteur en génie et en philosophie, ancien chef d'un département analytique expert top-secret de l'état-major général des forces armées (unité militaire secrète 10003) sur les capacités humaines inhabituelles et les armes non conventionnelles. Actuellement professeur d'un certain nombre d'établissements d'enseignement supérieur impliqués dans le développement des capacités psychiques.

• Sham Nikolay Alekseevich (Шам Николай Алексеевич), major-général, ancien vice-président du KGB de l'URSS. À l'heure actuelle la tête du Centre des technologies de pointe à Moscou et membre du comité de rédaction de « Réalité Supernova ».

• Zvonikov Vyacheslav Mihaylovich (Звоников Вячеслав Михайлович), colonel, qui a dirigé l'étude du psychique, au sein du Ministère de l'Intérieur de la Fédération de Russie, ainsi que la formation et le travail opérationnel des clairvoyants du ministère de l'Intérieur. À l'heure actuelle, professeur et chef du Laboratoire de psychophysiologie de l'Université humanitaire de Moscou.

• Melentev Viktor Anatolevich (Мелентьев Виктор Анатольевич), Colonel d'Etat-major extra sens psychique, spécialiste de la psychologie, de l'économie et de la gestion, président de l'Association des analystes prévisionnistes experts indépendants. Répond à des questions énergétiques-formatives, information sur l'énergie (psychophysique) la sécurité et l'aide extrasensorielle de personnes. Directeur et fondateur du centre d'information analytique « Mevil (МЕВИЛ).

• Kustov Valeriy Valentinovich (Кустов Валерий Валентинович), mentaliste, psychologue, spécialiste des diagnostics énergétiques, la santé, la correction, la modélisation des situations et le soutien des projets d'affaires. Pendant de nombreuses années il aida les agences de renseignement à résoudre des crimes. Il a un don unique de guérison et a guéri des milliers de patients.

• Rubel Victor Afanassiévitch (Рубель Виктор Афанасьевич), docteur, physicien et psychologue, actuellement Directeur de la Division des projets de développement dans le cadre des laboratoires de recherche fondamentale à Palo Alto, en Californie, où il étudie les questions scientifiques, organisationnelles, économiques et sociales de projets complexes.

• Angela Dellafiora Ford, extra sens psychique, et agent de la CIA. Elle participa à la recherche des criminels, des terroristes aux États-Unis et au Moyen-Orient. De 1986 à 1995, expert sur un projet militaire au sujet de la visualisation à distance de la perception extra-sensorielle Stargate, Porte des Etoiles (n'ayant rien à voir avec le film de science-fiction du même nom), organisé par la CIA et la Défense Intelligence Agency. Elle prit part aux études de rayonnement sur la zone de perception du cerveau, employée par le National Institute of Health (NIH) à Los

Alamos au Nouveau-Mexique. La présentation du livre « Guerre Psychologique Est -Ouest » arrive à un moment ou aux Etats-Unis et en Russie, les gens croient se situer au-delà de la réalité. Le livre contient les souvenirs de personnes spécialisées dans la recherche psychique dans l'intérêt des services spéciaux de l'Union soviétique, la nouvelle Fédération de Russie et des États-Unis. Le journal réussit à réunir à la même table la quasi-totalité des auteurs, tous d'anciens ennemis à l'époque de la guerre froide. Le Dr Edwin May, professeur de physique et dernier directeur du programme d'exploration psychique du gouvernement américain Stargate côtoie le chef d'un programme similaire sous le nom de Phoenix (Феникс) existant en Russie en 1989. Selon ce que dit à ce propos son ancien chef, le lieutenant-général Aleksey Savin. Une grande attention fut portée dans les programmes de lutte contre le terrorisme international, en particulier, le groupe de Savin travaillant activement dans le Caucase du Nord, où il y avait une véritable guerre des gangs terroristes. De nombreux membres du personnel ont reçu des récompenses du gouvernement en remerciements de résultats réels obtenus. Selon Edwin May, si les Etats-Unis, avec la Russie pouvaient créer un groupe anti-terroriste commun impliquant des clairvoyants, on pourrait éviter de nombreux problèmes et empêcher la prolifération de l'Etat Islamique (ИГИЛ). Les auteurs du livre sur l'exploitation extrasensorielle militaire, parlent à de nombreux moments de leur travail, gardé il n'y a pas si longtemps top secret. Ce sont des gens au sujet de qui, on en connait très peu, même dans leurs pays respectifs au sein départements auxquels ils ont travaillé, où se déroulait leur existence même.

Sur proposition du KGB, le général Sham Nikolay Alekseevich (Шам Николай Алексеевич), le chef d'état-major du ministère de la Défense décide de fonder un groupe de spécialistes extra sens, l'unité militaire 10003 employant des civils c'est inimaginable. Le lieutenant-général Aleksey Savin, parle de leur tâche principale, trouver des gens talentueux avec des capacités extraordinaires et les utiliser dans l'intérêt du gouvernement, du haut commandement militaire, du renseignement, du contre-espionnage, et ainsi de suite. La deuxième direction du KGB était depuis longtemps à la recherche de personnes talentueuses pour être en mesure d'enseigner à d'autres à développer des dons humains hors normes, et bien sûr, battre les adversaires américains. En fin de compte, lorsque les équipes fonctionnaient à plein temps, l'une des académies des Forces armées débute en parallèle la formation d'officiers, qui dure près de vingt ans. Le KGB parle peu de ce dossier, l'école a été démantelée en 2013. De nombreux tests étaient des résolutions mathématiques, logiques ou composites du même genre que ceux destinés aux quotients intellectuels élevés. On leur demandait aussi de deviner combiens d'objets étaient derrière eux, de décrire des lieux sur de photographies insérées dans des enveloppes. Pendant ce temps, les étudiants de l'Académie œuvrent pour la sécurité du pays, le groupe du lieutenant-général Aleksey Savin, dans ces années quatre-vingt-dix est très actif sur le terrain en Tchétchénie. Le renseignement technique aérien ou autre, n'a pas pu identifier de nombreuses caches d'armes, champs de mines, troupes ou terroristes, sont-ce les clairvoyants militaires qui contribuent à les déceler où le KGB les a-t-il aidés par des moyens traditionnels, et pour quelles raisons ? Sur presque tous les points chauds avant la guerre en Tchétchénie en 1992, non seulement les hommes mais aussi les femmes du groupe sont présentes (Géorgie 1991-1993, Ossétie du Nord 1992, Tadjikistan, 1992, Première Guerre en Tchétchénie 1994). Les membres de l'unité secrète possèdent un grand nombre d'ordres, de médailles et décorations militaires en récompense d'élogieux états de service. Comme le spécifie un ancien agent de la CIA, Angela Dellafiora Ford, parapsychologue extra sens psychique, le programme Russe Phoenix était identique au programme américain Stargate, et il y avait beaucoup plus d'hommes que de femmes. Mais dans le programme russe le travail des femmes était plus apprécié, la vision du côté soviétique, confirme que la capacité des femmes est mieux adaptée à l'extra sens, selon ce que dit Mme Ford : « Quand j'ai commencé à travailler dans l'unité de l'armée, j'étais fonctionnaire, mais j'avais déjà en moi la capacité extrasensorielle » fin de citation. Edwin May, le dernier directeur du programme d'exploration psychique du gouvernement américain Stargate, parle de la façon dont son équipe détermina l'emplacement, par exemple, des sous-marins russes et les noms de ses meilleurs agents, ce qui démontre une grande fiabilité du programme. Le mentaliste de la CIA Joseph Makmoniglu (Джозефу Макмониглу), identifia une photo satellite d'un bâtiment, en fait, tout le toit d'un l'immeuble, situé à Severodvinsk. Cette photo était placée dans une double enveloppe scellée, les responsables du renseignement lui avaient seulement déclaré au préalable : « Ceci est notre problème aujourd'hui, que pouvez-vous dire à ce sujet ? », et il identifia au travers de deux couches de papier opaque l'image qui était contenue à l'intérieur. Juste une enveloppe scellée, et la réponse à cette question simple est placée dans un rapport de 157 pages, qu'écrit Joseph Makmoniglu, il dit qu'il y a un énorme sous-marin de 180 mètres, avec une double coque, il est deux à trois fois plus gros que des sous-marins conventionnels pendant la Seconde Guerre mondiale. Il dispose d'un système de propulsion zonale. Quelques détails étaient précis, comme s'ils avaient été copiés extraits de sources militaires. Il a vu que le sous-marin avait une conception tout à fait inhabituelle, qui n'a pas été utilisée auparavant dans la construction de sous-marins conventionnels. Cette innovation a été faite dans le bureau d'études Severodvinsk, qui produit ces sous-marins. Et Joseph Makmoniglu à ce moment donnait ces informations en Californie, assis dans une pièce fermée. Tout ce qu'il avait était à l'intérieur d'une double enveloppe scellée posée sur une table, une photo du toit des bâtiments d'un immeuble. Côté Russe à cette période, le colonel-major Viktor Melentsev (Виктор Мелентьев) dit, qu'il était possible d'éviter l'avion abattu par les troupes turques parce que les clairvoyants médiums prédirent des pertes : « Il serait souhaitable que le ministère lorsque les combats ont lieu, en prévoit encore », dit Victor Melentsev. Nous avons des gens qui sont engagés dans la perception extrasensorielle, celle-ci fournit une image de visualisation à distance et détermine la capacité à compenser, déployer ou neutraliser l'action par une sélection de quelques paramètres provisoires pour diminuer les pertes dans l'engagement d'une action. Une association parapsychique créé par le général du KGB commandant l'ancienne unité dispense des cours destinés à détecter et développer ses capacités personnelles, rue Profesioznaya D 18 K 2 (КОНТАКТНАЯ ИНФОРМАЦИЯ, г. Москва, ул. Профсоюзная, д. 18 к. 2, Телефоны: +7 (965) 143 87 03; 7 (962) 991 58 58).

Alexeï Yurevich Savin, désormais dans la retraite de réserve militaire porte son rang de Lieutenant-général, spécialiste militaire émérite, docteur ès sciences techniques, docteur en philosophie, commandant légendaire de l'unité 10003, chef du département analytique expert de l'Etat-major général des forces armées russes de 1989-2005. Ce gestionnaire de programmes de guerres du cerveau (selon la terminologie américaine) est un ancien combattant respectable ayant reçu de nombreux ordres et médailles, dont l'Ordre du Courage et le titre de Docteur honoris causa d'une Université européenne, Académicien de l'Académie Russe des sciences naturelles, de l'Académie européenne des sciences naturelles, de l'Académie internationale des sciences, de l'Académie italienne des sciences économiques et sociales. Depuis 1989, il était le chef du programme pour développer de nouvelles armes spéciales, des équipements militaires, avec méthodes et moyens non traditionnels, un nouveau mode conceptuel de formation militaire, d'éducation de ressources mentales paranormales. Nous avons du mal à y croire, cela s'avère absolument révolutionnaire, avant-gardiste, si cela est avéré :

« Savin aurait une capacité innée pour corriger les capacités psycho-physiques des personnes. Il est l'auteur de techniques qui permettent de révéler la capacité phénoménale des individus de différents âges et activités professionnelles très distinctes. Il construisit des programmes de formation pour développer l'élite des forces armées, des structures départementales et de l'administration publique. Créateur d'un nouveau concept scientifique réalisant des cours de formation synthétisant les résultats de nombreuses sciences sociales et naturelles, Savin formalise quinze années de travail couvertes par le secret, parce que les spécialistes, du groupe extrasensoriel taisent leurs propres possibilités naturelles de médiumnité. Les spécialistes de l'unité militaire 10003 ont honnêtement rempli leur devoir envers leur pays, mais le secret de leur travail, extrasensoriel, ou pas, ne pouvait malheureusement, que donner lieu à de nombreuses rumeurs de mauvaises suppositions avec la propagation de mythes. Les personnes ne peuvent résister au besoin de dénigrer des travaux sur la médiumnité même si les travaux portés au crédit, du commandant de l'unité parapsychique, le lieutenant-général Savin, ont obtenu plus de résultats que quiconque, allant même à surprendre ses homologues américains ayant travaillé dans des programmes secrets similaires au sein de la CIA ».

http://www.10003.ru/

Люди в черноместь и в России - Il y a des hommes en noir en Russie :

Pour la Komsomolskaïa Pravda le 15 avril 2013 Andrei Petrov ПЕТРОВ Андрей.

LES SORCIERS ET LE POUVOIR D'ETAT

La gazette Komsomolskaïa Pravda du 4 février 2015 titre : « Le KGB Secrets Ouverts sur les OVNIS, (КГБ открыл тайны НЛО). « Le journal Komsomolskaïa Pravda, réussit à se familiariser avec le contenu du fameux dossier bleu du KGB, qui présente la preuve éclatante de visites de la terre par des objets volants non identifiés », fin de citation. L'article reprend que : « le KGB découvre les secrets d'OVNIS », avec la lettre du 24 Octobre 1991, adressée le cosmonaute Pavel Popovich, alors président de l'Association d'Ufologie de Toute l'Union Soviétique. Effectivement, il reçoit un dossier bleu du KGB, un paquet de feuillets accompagné d'une lettre d'un général du KGB. Les auteurs qui figurent dans les pages des dossiers sont surtout des militaires. Alors il ne peut être question de plaisanteries et de canulars. Et qui pourrait plaisanter avec la toute puissante Loubyanka », fin de citation. Bien sur les évènements de Kapustin Yar survenus le 28 juillet 1989, figurent dans le dossier d'enquête et nous laissent sans voix. Ainsi, passé minuit des ovnis lumineux survolent les dépôts de missiles à environ 300 mètres du lieu d'observation, à une hauteur d'environ 20 mètres environ, avec des flashes comme ceux d'appareils photo, le corps dégageait une lumière vert terne, semblable à une lueur de phosphore dans l'obscurité. Le sujet était un disque avec une demi-sphère au sommet. Le diamètre du disque, environ 4 à 5 mètres. L'objet retourne aux installations de stockage de fusées puis plane sur elles à une hauteur d'environ 60 à 70 mètres. À 1h30, il s'envolé vers la ville de Akhtubinsk et disparait de vue. Les observations sont rapportées par l'enseigne Volochin Valery Nikolayevitch (прапорщик Волошин Валерий Николаевич), le soldat Tischaev Dmitry Nikolaïevitch, le premier lieutenant Klimenko. C'était comme une boule de feu qu'il était difficile de regarder. Elle s'est élevée vers le ciel, selon le témoin le soldat Kulik : « l'objet lumineux avait la forme d'un cigare » fin de citation. L'objet sans aucun bruit, émet une lumière éblouissante dans la nuit, stationnaire au-dessus de bâtiments contenant des ogives nucléaires, il utilise un rayon lumineux comme un projecteur sur les bâtiments et le sol. L'objet se déplace vers le sud-ouest, clignotant de différentes couleurs, vers Akhtubinsk. Un lieu connu de tous pour être supposé contenir une base souterraine secrète soviétique renfermant des objets volants capturés, des pièces détachées dans une espèce de sous-sol aménagé en bunker. Plusieurs ovnis sont observés, un vers le sud, essayant de s'élever dans les airs mais qui n'y parviennent pas, un énorme ovni arrive si vite, que les personnes présentes ressentent le souffle physiquement avant de le voir stopper net. Ainsi. Il y a déjà ces deux OVNIS sur la base, le premier, survolant les unités militaires secrètes, le second, au sud, désire s'élever du sol, mais ne peut pas. Ensuite ces ovnis se perdent en direction d'Akhtubinsk (Ахтубинск), cela devient si sérieux que le KGB place ce dossier en tête des affaires non élucidées concernant des objets volants non identifiés en URSS. Finalement les observations font cas de sphères ou boules, d'une soucoupe volante et d'un cigare volant non identifié au-dessus d'une base top secret, dont la CIA a fait sa cible principale pour ses missions d'espionnage photographique aérien. Etonnant site dont on ne retrouve pas trace de ces survols dans les documents déclassifiés de la CIA rendus publics de nos jours. Le même article parle du cosmonaute deux fois Héros de l'Union soviétique, le Major General d'aviation Pavel Popovitch (Павел ПОПОВИЧ) : « J'ai vu un OVNI une seule fois, je me souviens de l'histoire, c'était dans l'avion, qui volait de Moscou à Washington, tout à coup, il y avait un triangle lumineux dans notre champ de vision. Pendant un certain temps il volait près de l'avion à environ 1000 kilomètres par heure, puis sans aucun effort il prend les devants et disparait. J'ai envoyé une requête pour le KGB, et aucune réponse n'a été reçue ». Pavel Romanovitch Popovitch (Павел Рома́нович Попо́вич), décède le 29 septembre 2009, sans avoir jamais renié son témoignage public. Médaille master de sports en 1962, deux fois décoré héros de l'Union Soviétique 1962 et 1974, commandeur de l'ordre pour services rendus à la patrie 2000, ordre pour l'honneur 1994, deux ordres de Lénine, ordre pour l'amitié entre les peuples, ordre de l'étoile rouge 1961, médaille pour le développement des terres vierges en 1962, médaille pour renforcer la coopération militaire 1985, ainsi que neuf autres médailles commémoratives à titre personnel, ordre de héros du travail de la République Socialiste du Viet Nam 1962, ordre ukrainien du prince Yaroslav Mudrogo (2005), médaille cubaine pour les 30 ans de la Révolution, médaille bulgare pour la fraternité des armes, médaille pour les 30 ans de la libération de la Tchécoslovaquie, médaille pour le 30 anniversaire du Ministère de l'Intérieur bulgare, médaille des 25 ans de l'armée populaire bulgare et de nombreuses distinctions civiles. Cet homme très décoré et internationalement reconnu est historiquement désigné comme le premier cosmonaute de l'histoire à avoir officiellement observé un ovni, et l'avoir publiquement avoué.

http://ovnis-direct.com/le-cosmonaute-pavel-popovich-et-les-ovnis.html

De nos jours grâce aux smartphones et appareils vidéo, des enregistrements privés se multiplient, pris sur le vif, avec une qualité fiable, ils sont difficilement contestables. Ainsi un homme d'affaires Yuri Malyarchuk se rendant à l'anniversaire de sa belle-mère prévu à Khabarovsk, enregistre devant l'église de la ville en présence de sa famille dans la rue un évènement étrange, son fils crie : « regarde l'avion qui tombe », moins de vingt secondes après, toute la famille Malyarchuk scrute le ciel au-dessus de la coupole de l'église où vole une boule d'argent, à partir de laquelle deux flammes éclatent en langue. Le vol est absolument silencieux, ne changeant pas de forme, ne dégageant pas de traces d'échappement, comme un astre céleste en descente angulaire directe. L'objet descend sur un angle d'environ 30 degrés, jusqu'à ce qu'il disparaisse derrière les arbres sur la rive du fleuve Amour. Yuriy Marchenko, physicien de formation, montre à ses collègues une vidéo, trois médecins en sciences physiques, conviennent qu'attribuer ce phénomène à un effet optique est impossible, de toute évidence, c'est un objet volant non identifié. Le 19 décembre 2014, « Live Journal », présente un article curieux : « Les Ovnis sont-ils une invention ou une réalité ? »

http://eto-fake.livejournal.com/654659.html

Оккультный КГБ - Это фейк или правда?
Le KGB occulte – C'est vrai ou faux ?

Le 5 novembre 1972, soit seulement un mois après la mort du célèbre écrivain avant-gardiste Ivan Antonovitch Efremov (Иван Антонович Ефремов), très connu comme étant un auteur de livres de science-fiction, entre autres de « La nébuleuse d'Andromède », des agents du KGB viennent dans son appartement avec un mandat de perquisition, inspectent le domicile à fond, y compris avec un détecteur de métal. La raison officielle de la visite est une enquête criminelle sur la mort de l'écrivain.

https://fr.wikipedia.org/wiki/Ivan_Efremov

Ses projets de livres sont classés par le KGB Top Secret. L'affaire judiciaire concernant l'écrivain comporte 70 volumes. Une enquête fut menée sur la chaîne de télévision Moscovite. Immédiatement après la sortie de son roman : « L'Heure du Taureau », roman d'aventures spatiales, (L'Heure du taureau de Ivan Efremov sur AbeBooks.fr - ISBN 10 : 2825120170 - ISBN 13 : 9782825120170 - L'Age d'Homme 1990). A la fin des années 60, Youri Andropov en personne voit dans le travail de l'écrivain une satire sur le régime communiste sous couvert de science-fiction. La Nébuleuse d'Andromède tente d'adapter les idéaux communistes dans un univers de fiction, l'écrivain utilise les fonds récoltés sur ses ventes de livres pour organiser des expéditions de fouilles et recherches parfois paléontologiques ou ésotériques. Il rédige des ouvrages sur des carnets de voyage, les conservant en l'état sous forme de projets. Ils ne verront jamais le jour, aboutissant dans les archives sur les rayonnages du KGB, place de la Loubyanka au second sous-sol du numéro deux. Mais ce n'est pas tout, à l'intérieur de plusieurs de ses récits se retrouvent des informations confidentielles sur les ovnis, qui sont aussi répertoriées dans les dossiers du KGB. L'agence de sécurité de l'Etat le soupçonne de posséder des pouvoirs paranormaux pour avoir accédé aux informations inconnues du public et tenues secrètes par le tout puissant KGB. Ou à défaut d'avoir une source, une taupe auprès du KGB lui-même. Dmitri Fonarev, ancien garde du corps du président Gorbatchev, vétéran du 9ème département du KGB, qui assurait la sécurité des premières personnes de l'Etat, reconnaît que les individus ayant des capacités inhabituelles sont toujours contrôlés par le KGB. A ce titre l'écrivain était doublement contrôlé, en premier comme médium et en second comme écrivain potentiellement dangereux pour le régime socialiste soviétique. Ces projets de romans ne réapparurent jamais plus.

Ce double intérêt pour l'ufologie et le paranormal va se retrouver dans de nombreux dossiers du KGB souvent liés sur une source unique, le second département du KGB. Quelque part dans le passé, dans les 70-80, des agents de sécurité commencent à faire face aux manifestations de graves menaces d'une manière assez inhabituelle. En 1989 un inconnu parvient à franchir les contrôles de sécurité du KGB, circulant soudainement dans le Kremlin lors du Congrès des députés du peuple. La sécurité, comme cela devrait être sur les activités gouvernementales, se hissait au plus haut niveau, il franchit néanmoins tous les contrôles sans aucune autorisation ou document d'identité, ceci est complètement impensable. Cette histoire fut attribuée, à de la négligence, mais en 2001, elle se répéta, cette fois aux États-Unis, lors de l'investiture du président George W. Bush. L'intrigue de l'homme invisible sur la chaine de télévision canal CNN, produit une sensation mondiale, les mentalistes existent donc bien. L'expert dans le domaine des services spéciaux Valery Malevanny (Валерий Малеванный), soutient que les technologies innovantes ont immédiatement suscité l'intérêt des tchékistes du KGB immédiatement après la révolution de 1917-1918. Lorsque le Guépéou ouvre un laboratoire secret dans lequel se développent des médicaments destinés à agir sur le psychisme des personnes arrêtées, afin d'influer ou éliminer les personnes indésirables. À ce jour, nous savons que Staline est arrivé au pouvoir en 1927, et dépose les bases d'une étude en profondeur des phénomènes paranormaux. Il s'entoure de médiums et clairvoyants, également d'une sorcière, qui parvient à Moscou avec deux diseurs de bonne aventure, astrologues, et numérologues, Staline n'a jamais osé solutionner un seul problème sans consulter l'avis de Natalia Lvova (Наталья Львова). Son travail consistait aussi à lui fournir une protection contre les attaques de l'énergie des ennemis, sur les plans physique et astral.

http://fisechko.ru/100vel/tain_ros/95.html

Dès 1930, Lvova (Львова), sur ordre personnel de Joseph Staline, se fait convoquer, arrivant de Leningrad dans la capitale. Il fournit immédiatement un appartement indépendant à la sorcière au centre de Moscou proche du Kremlin. A la même époque, le KGB détruit les églises, persécute les prêtres orthodoxes dans toute la Russie. Nous savons que Lavrenti Beria le chef du KGB présente à Staline Messing, et que depuis 1939, Staline ne résout aucune question d'ordre pratique sans l'avis de ce Messing (Мессинг) sorte d'oracle à prédictions. Le 16 septembre 2012, un article fort intéressant, d'Eleonora Magdayan (Элеонора Мандалян) relate l'aspect mystique de Staline en liaison avec pratiques vouées à la mort, au satanisme et au sacrifice de milliers de personnes. Elle cite le groupe des sorciers du Kremlin : Gleb Boki, Aleksandre Barchenko, Georgyi Gourdjiev, Natalia Lvova et Danil Andrev (Глеб Бокий, Александр Барченко, Георгий Гурджиев, Наталья Львова, Даниил Андреев).

https://www.chayka.org/node/4982

Eleonora Magdayan, est journaliste, peintre, sculpteur, professeur, membre de l'Union des écrivains, membre de l'Union des Artistes de l'URSS, membre de l'Union des journalistes d'URSS. Désormais aussi, un membre de l'Union des écrivains Russes, depuis 1994 elle vit et travaille à Los Angeles aux USA.

https://www.chayka.org/authors/eleonora-mandalyan

Nous savons que Staline était paranoïaque, mais cela n'explique pas selon Eleonora : « Quant à l'extermination massive des citoyens de son propre pays dans les caves de la Loubyanka, dans les prisons et les camps, ils n'étaient, selon Eleonora, pas plus qu'un sacrifice à Satan ». Cela expliquerait que Staline s'entoure de mages, de sorcières, de voyantes et médiums, qu'il s'acharne à faire exécuter les prêtres, ce n'est que la forme d'expression du satanisme rituel. Encore selon ses conclusions : « Bien sûr, tout cela peut être considéré comme de la spéculation, dictée par le fruit de l'imagination de l'individu qui fait, que l'on ne peut ni nier ni confirmer, croire ou ne pas croire. Mais une chose est claire, il n'y a rien dans cette vie ne se produit pas par hasard. Malheureusement, nous savons encore trop peu sur notre propre nature et notre environnement, ses mécanismes et modèles, et sommes souvent incapables de comprendre pourquoi, par exemple, dans l'arène politique, il y a tout à coup ces mauvais génies, comme Hitler et Staline, volontairement, consciemment ou inconsciemment, ils exécutent des actions sous les ordres de forces occultes naturellement, ils les servent », fin de citation.

https://www.chayka.org/node/4982

Staline ne le confia-t-il pas à Churchill lorsqu'il lui dit à Yalta : « Le Diable est avec moi, le Diable est communiste », à la conférence du 4 au 11 février 1945.

https://fr.wikipedia.org/wiki/Conf%C3%A9rence_de_Yalta

Au siège du KGB, dans le bâtiment de la Loubyanka pendant de nombreuses années, exista une école de renseignement, pour des enfants sélectionnés en raison de leurs dons paranormaux de clairvoyance, cette école persistera au moins jusqu'au milieu des années 50, dans un programme sous la direction du physiologiste Leonid Vasiliev, élève du célèbre professeur Chizhevskogo, qui étudia l'influence du soleil et de la lune sur la foule humaine et la technologie. Comment cela fut possible sans que l'ordre ne provienne du sommet de l'Etat ?

https://en.wikipedia.org/wiki/Leonid_Vasiliev

Le professeur, Leonid Leonidovich Vasiliev (1891-1966), directeur du département de physiologie de l'Université de Leningrad, ancien lauréat du prix Lénine, dirigea dans les années 1960 le laboratoire de parapsychologie, de télépathie et de perception extrasensorielle à distance. Le livre de Vasiliev : « Experiments in Mental Suggestion », traduit en anglais en 1963, était populaire auprès des occidentaux, et même des américains, on le cite dans un rapport déclassifié de la CIA :

(https://www.cia.gov/.../CIA-RDP96-00792R000500210001-9.pdf).

Le médium Allan Chumak (Аллан Чумак) affirmait travailler et apprendre dans un laboratoire de recherche secret du KGB situé : Furmany Pereulke (Фурманном переулке в центре Москвы), une rue du centre de Moscou à 25, 30 minutes à pied au nord-est du siège du KGB, dont la station de métro Krasnye Vorota est la plus proche. Dans cette même rue se trouve la maison musée (дом музей васнецова) domicile du célèbre peintre architecte Viktor Vasnetsov Mihaylovich (Ви́ктор Миха́йлович Васнецо́в), décédé à Moscou le 23 juillet 1926.

http://eto-fake.livejournal.com/654659.html

Dans les années de la perestroïka, les médiums les plus célèbres dans les émissions de télévision sortent en direct du KGB et sont les suivants : Allan Chumak (Аллан Чумак) et Anatoli Kashpirovskiy (Анатолий Кашпировский). Comme l'a reconnu Allan Chumak, le ministre de l'Intérieur et le KGB, ont utilisé à plusieurs reprises les services de parapsychologue et lui ont même proposé de devenir un collaborateur secret du Comité de la Sécurité d'Etat, lui promettant un appartement et un rang de lieutenant-colonel, mais il refuse. Quels sont les autres médiums travaillant pour le Kremlin, et comment ils ont changé la vie du pays ? Il se trouve que la capture de l'espion le plus célèbre dans l'histoire soviétique Dmitry Fédorovitch Polyakov (Дмитрий Фёдорович Поляков), a pour origine une vision d'un médium clairvoyant, la CIA avait attribué à Polyakov, les noms de code de BOURBON et ROAM. Polyakov était Major Général du Renseignement Militaire Soviétique le GRU. Dans toute l'Europe occidentale entre 1980 et 1985, 27 des meilleurs agents soviétiques ont échoué, le KGB se part en quête d'une taupe, il mettra trois ans à établir une liste d'officiers de haut rang et de généraux du GRU susceptibles d'être des traîtres potentiels. Malgré les recoupements d'informations en provenance de Aldrich Ames, un officier de la CIA depuis 1962, devenu agent Russe entre 1985 et 1994, date de son arrestation par le FBI. Mais Ames n'était qu'un informateur, ne connaissant pas les officiers listés par le KGB. Les informations générales ne suffirent pas, l'enquête aboutit à une impasse, aussi après trois ou quatre ans le KGB décide de recourir à l'aide de médiums. C'est un choc, quand les médiums du KGB désignent comme espion, le général Polyakov, travaillant effectivement depuis plus de 25 ans pour la CIA. Dimitry Fédorovitch Polyakov (Дмитрий Фёдорович Поляков), est exécuté par le KGB en 1988. Un tribunal militaire le condamne à la peine de mort, le président américain demande de commuer la peine de mort de cet agent. Le président américain Reagan propose à Gorbatchev l'échange du Général contre dix autres agents Russes aux mains des américains, tous issus de la délation de Polyakov. Le président russe refuse l'offre. Polyakov est arrêté par le KGB en 1986, six ans après sa retraite du GRU. Ses contacts à la CIA n'ont aucune information sur ce qui lui est arrivé. Plus tard, les américains supposèrent à tort, qu'il avait été trahi par Robert Hanssen et Aldrich Ames.

https://fr.wikipedia.org/wiki/Robert_Hanssen

https://en.wikipedia.org/wiki/Dmitri_Polyakov

Si la raison de la présence des médiums clairvoyants gravitant autour du premier cercle du pouvoir depuis le Tzar jusqu'à Staline, allant jusqu'à Gorbatchev et Eltsine, est évidente, alors, il n'est pas incongru de comprendre comment un programme secret du KGB au sujet des Ovnis avec des rapports en ce sens, aboutit entre les mains du plus haut dirigeant du pays. Les Russes sont toujours passionnés par l'idéologie politique, la religion et le paranormal, cela depuis fort longtemps déjà, depuis les Tzars. Un incident a lieu en 1978, un pilote de ligne prend la liberté d'informer le KGB, que lors de l'atterrissage à l'aéroport de Vnukovo à Moscou, il interagissait activement avec un objet volant non identifié proche de lui. C'était un acte courageux, car on ne savait jamais au contact du KGB, si vous ressortiez libre ou pas de leurs bureaux, tout n'était voué qu'à l'interprétation que les agents du KGB faisaient de votre cas. La confluence de circonstances ne laisse rien au hasard fortuit, à ce moment-là, quand il prit connaissance du rapport sur son bureau l'homme qui était responsable des troupes Gardes-Frontières du KGB, et qui seulement quelques jours avant avait déjà parcouru un rapport à peu près similaire sur un cas à la frontière de Leningrad porte le document à Youri Andropov. Ce dernier décide que trop de circonstances convergentes, constituent un faisceau de preuves, il le dit à Aleksandre Maksimov (Александр Максимов) agent du FSB de la Fédération de Russie de 1995 à 1998. Selon l'agent du FSB Maksimov, les nombreux rapports s'accumulaient au KGB, en provenance des contrôleurs militaires aériens, des centrales nucléaires, des capitaines des navires de la flotte militaire de guerre de l'URSS, ils décrivaient des objets étranges dans leur ligne de mire. Des informations précieuses vinrent à passer de bouche à oreille, le plus souvent, ne furent pas reflétées dans les rapports, de peur d'être mal compris et rejetés, voire pire. Selon le responsable des Gardes-Frontières du KGB, on minimalisait tout sur les rapports, au stricte acceptable, au militairement correct qui ne vous mènerait pas à l'asile de fous, au goulag et à la perte de vos fonctions professionnelles militaires. On sait que le KGB finissait aussi par apprendre de ces rumeurs, notamment par des officiers ou soldats fortement idéologisés au parti et instruits au sein des jeunesses des Komsomols, qui leur rapportaient ce qu'ils entendaient autour d'eux. Environ 40 % de ces membres de l'Union des jeunesses Léninistes communistes (Всесоюзный ленинский коммунистический союз молодёжи), le nom Komsomol est acronyme d'Union des Jeunesses communistes (Коммунистический союз молодёжи) étaient acceptés à la fin, au sein du Parti Communiste de l'Union Soviétique. Au 1er janvier 1981, le Komsomol comptait 40 577 980 membres, tous dévoués idéologiquement à la mère patrie et au parti. Les membres de jeunesses soviétiques du Komsomol s'appelaient komsomolets (комсомолец) pour les garçons, et komsomolka (комсомолка) pour les filles, ils étaient à l'affut des déviances de leurs concitoyens comme des gardiens de la pureté de l'idéal social en Union Soviétique. Ainsi ils dénonçaient fréquemment des propos entendus au sujet de thèmes politiques ou déviants. En effet des marques de fidélité démontrant que l'on pouvait avoir confiance en eux leur permettait aussi d'entrer au PCUS et de gravir les échelons de l'administration d'Etat dans toutes les professions. Le KGB collecta donc des rapports de oui dire, des délations qui sont plus difficiles à montrer au public, car contenant des noms de famille d'individus comme vous et moi, dans des pratiques délationistes d'une autre époque. Selon Maximov : « Et peu à peu, j'ai commencé à accumuler des faits. Plus de 95 pour cent d'entre eux ont été expliqués en termes de physique ou d'influence de l'environnement et ainsi de suite, mais encore 5 pour cent sont inexplicables du point de vue de la technologie moderne et de la science » fin de citation. Cette base de données secrète parvient au sein de l'association du cosmonaute soviétique Pavel Popovich à la fin de 1991. Une fois dans une interview, il mentionne qu'il a regardé des objets non identifiés sur orbite. Mais dont il ne pouvait pas révéler les détails, étant lié par un devoir de réserve et un accord de non divulgation. Peu à peu le sujet ovni s'étoffé de nouveaux cas, puis émerge ou commence à se concrétiser depuis le début des années 80. Ce qui devient connu plus tard sous le nom de : « Dossier Bleu du KGB », est incomplet, comme amputé volontairement de son contenu. Il possède son homonyme en Amérique, débuté en 1948 par des militaires de l'US Air Force, le projet Livre bleu (Blue Book). Selon Vladimir Vasiliev : « Dans le dossier, un seul cas peut être appelé suspect », fin de citation. Mais, peut-être que le KGB n'a pas fourni toutes les informations ? Selon Vassiliev : « Oui, une chose était suspecte, c'était l'observation en 1982 d'un IL-62, qui a volé de Petropavlovsk-Kamtchatski, c'étaient des lumières étranges, des lumières qu'ils regardaient à travers l'objet lumineux qui flashait. Et, en conséquence, les pilotes ont vu l'objet, comme brillant, et ont aussi vu l'émission même de rayons. Ils ont demandé par radio, et un responsable leur répondit qu'il n'y avait personne à proximité. Au bout de trois ou quatre jours, il a été constaté lors de l'inspection de l'avion, qu'il y avait des lames des turbines qui étaient en très mauvais état, si mal en point qu'il fallut faire face une révision critique d'un moteur », fin de citation. L'Iliouchine Il-62, est un avion de ligne long courrier soviétique dont la conception débuta en 1960, et son premier vol en 1963. Il entre en service commercial dans la compagnie Aeroflot en 1967. Propulsé par quatre turboréacteurs accolés en queue de l'appareil, il contraste avec les conceptions classiques de pose sous les ailes des avions de ligne. L'Il-62 ne comporte pas de commandes de vol électriques, toutes les dérives sont contrôlées par câbles directs. Il est long de 53 mètres, et il était impossible aux pilotes comme aux passagers, d'apercevoir les moteurs placés à l'arrière, de plus une turbine endommagée qui fait des étincelles en vol conduirait à déclencher les sondes de température puis l'alarme incendie. Contrairement aux dires de monsieur Vladimir Vasiliev, 195 passagers repartis sur des rangées de six sièges ainsi que les membres d'équipage ne pouvaient que voir latéralement pour les uns, et devant soi pour les pilotes. Ceci démontre que chacun essaye d'interpréter les choses à sa manière pour ne voir que ce qu'il désire lui-même. Personne n'aurait pu observer les rayons sur les moteurs arrière, de fait ils virent bien autre chose. Sur les programmes spéciaux du KGB, bien après l'effondrement de l'URSS, les autorités continuent d'allouer quelques fonds, en 1993, les députés indignés des dépenses non justifiées du budget de l'Etat, portent l'affaire devant la chambre des députés, la Douma, le sénat Russe. Les agents des services de renseignement russes durent alléguer officiellement que ces fonds spéciaux étaient associés aux ovnis, choquant au passage les parlementaires estomaqués.

En Russie, régulièrement des informations remontaient jusqu'aux autorités sur les domaines d'activité OVNIS, à Tcheliabinsk puis à Ekaterinbourg, mais à part les ufologues, cela n'était intéressant pour personne d'autre. Les autorités demeuraient perplexes, devant ces nouveaux défis. C'est un peu pour cela que fut créé l'unité militaire secrète hybride nommée 10003, peut être arriverait-elle à résoudre une partie du mystère ovni et capaciter des personnes dans l'extra sensorialité à la fois. Cette unité militaire 10003 est unique dans son essence car elle implique l'armée ainsi accessoirement que quelques laboratoires et institutions scientifiques connexes liées ponctuellement dans certains cas d'étude et d'expérimentation. L'unité du général Savin consomme une partie des fonds spéciaux sur lesquels la Douma réclame des comptes. En définitive, ce projet confidentiel sensible est fermé en 2003 adjoint d'un scandale médiatique.

Environ 120 personnes ont participé à ce projet, cependant, au sein de la 9e direction du KGB, on ne faisait pas entièrement confiance aux militaires médiums clairvoyants, un test fut fait, on demanda aux médiums de deviner quel employé du KGB portait ou non une arme, avec neuf réponses réussies sur dix soit 90% de réussite, avec une nuance dans certains cas, ils ont juste pu dire une arme sans pouvoir détecter si c'était une arme à feu ou une arme blanche. Malevanny note que Staline croyait qu'il est possible de pénétrer dans le cerveau humain, à cette fin, il y eut cinq mentalistes spécifiquement recrutés par le KGB afin de tromper l'ennemi avec leur pouvoir dans les années 30 à 50. Il y eut aussi ces nombreux mages, médiums et parapsychologues directement demandés par les dirigeants soviétiques dont nous avons du mal à comprendre comment ils ont pu survivre aussi longtemps à côté de la Nomenklatura Soviétique. Très proches de Staline ayant une curieuse peur des médiums ou diseurs de bonne aventure, et qui s'entourait malgré tout de ce type de consultants. Le KGB nie très peu ces faits, aujourd'hui secret de polichinelle, tant les témoignages de vétérans survivants de cette époque et la publication d'ouvrages d'historiens, sont venus dévoiler d'évidentes pratiques. Il semblerait qu'un pic important de présence de mentalistes, gourous, clairvoyants et sorciers, apparaisse aussi sous la dirigeance de Nikita Khrouchtchev. Selon certains, les médiums les plus doués dans ces années encouragèrent le chef de l'Etat à effectuer un voyage en Inde pour une initiation au yoga. Le boom moderne, dans tous les domaines paranormaux atteint son apogée, de mars 1985 à fin 1991, beaucoup personnes entreprenantes ont sentirent naître en eux, un don soudain. Ultérieurement de 1991 à 2000, les médias télévisés donnèrent du crédit à ce type de pratiques. Les médiums constituèrent le plat principal au Kremlin. Emergeant de l'ombre, le mage sorcier médium Chumak (Шумак), nom d'une rivière de Bouriatie à 1558 mètres de hauteur, ou la fameuse sorcière guérisseuse Djouna qui obtient le grade de général, on la voit en photo aux cotés de militaires avec une tenue de colonel général de la marine de guerre russe avec l'ordre de l'amitié entre les peuples (Орден Дружбы народов) suspendu côté gauche de sa poitrine. Certains historiens russes essayent aujourd'hui de comprendre ce phénomène comme Nikita Petrov : « Le gouvernement soviétique, qui a construit son propre système d'éducation sur la base du matérialisme, se perd factuellement, parce qu'il ne travaille pas dans l'esprit du matérialisme des citoyens. Les dirigeants glissent à la recherche de toutes sortes d'explications métaphysiques surnaturelles et en provenance d'autres mondes au lieu de regarder clairement la vérité en face », fin de citation. En marge de la science, le Kremlin voulait accéder à une nouvelle explication de ce qui se passe dans le monde, avec une conception spirituelle complètement déviante de la croyance orthodoxe que la police soviétique opprimait, persécutait jusqu'à exiler les prêtres dans les camps goulags pour les y faire périr, alors que des magiciens avaient leurs entrées au gouvernement, mangeaient à la table du maître du Kremlin. Boris Eltsine surpassa ses prédécesseurs dans ce domaine. Selon certains rapports, il obtient une astrologue régulière attitrée à sa personne nommé Vanga, derrière lui on retrouve celui appelé le Nostradamus en uniforme ou Merlin, George Rogozin. Ses prophéties sont souvent vraies au point ou Rogozin fut même nommé premier chef adjoint du service de la sécurité présidentielle. Comment les prophéties pourraient ne pas être vraies, puisque le KGB savait tout, espionnait tout, plaçait des micros, soudoyait de force ou pas des délateurs. On retrouve aussi et surtout Djouna surnommée la sorcière, rien ne peut lui faire de l'ombre. L'officier supérieur du KGB ayant œuvré à la controversée section paranormale, Georgy Georgievich Rogozin (Георгий Георгиевич Рогозин) est membre de la Brigade des forces spéciales de l'état-major général des forces armées de l'URSS d'Ussuriisk, diplôme de l'académie du KGB (Высшую Краснознамённую школу ВКШ КГБ) en 1969 avec spécialité contre-espionnage militaire. Devenu général du FSB, il emporte ses secrets, décédant le 6 mars 2014, laissant derrière lui des témoignages filmés que l'on retrouve sur YouTube comme Tempête de l'esprit (Штурм сознания) et l'Appel des Abysses (Зов бездны), ce dernier reportage l'Appel de l'Abîme est un documentaire de la télévision russe Roscosmos, réalisé par Alexander Merzhanov.

https://ru.wikipedia.org/wiki/ Рогозин,_Георгий_Георгиевич

https://ru.wikipedia.org/wiki/Академия_Федеральной_службы_безопасност и_России
https://ru.wikipedia.org/wiki/ Рогозин,_Георгий_Георгиевич

Le film tente de déceler sur une base strictement scientifique, différents pouvoirs humains extraordinaires d'une personne, de ce que permet le pouvoir de suggestion mentale, afin de contrôler les actions des autres. Dans le film, en présence de l'Académicien Natalia Petrovna Behtereva (Наталья Петровна Бехтерева), ainsi que d'anciens hauts fonctionnaires du KGB, on démontre comment ces méthodes sont utilisées dans la pratique des services spéciaux, suggestion, hypnose, médiumnité.

https://en.wikipedia.org/wiki/Georgy_Rogozin

http://cyclowiki.org/wiki/ Зов_бездны

Natalia Petrovna Behtereva, est une scientifique neurophysiologiste, ayant étudié sur les capacités du cerveau humain. Plusieurs comptes rendus télévisés se retrouvent sur YouTube. Natalia, éminent psychologue, psychiatre et neurologue, est la fille d'un ennemi du peuple soviétique, elle fut élevée dans un orphelinat de Leningrad, survivant à la famine causée par le blocus allemand durant la seconde guerre mondiale avant de devenir diplômée du premier institut de médecine de Leningrad, l'Institut Pavlov. Les parents de Natalia Petrovna, sa mère Zinaida V. est médecin, son père Petr, ingénieur et inventeur, sont réprimés comme ennemis du peuple, on exécute le père puis sa mère a été envoyée en déportation dans un camp de travail forcé, un goulag.

https://ru.wikipedia.org/wiki/ Бехтерева,_Наталья_Петровна

http://bulvar.com.ua/gazeta/archive/s27_66753/8664.html

Le 5 novembre 1996, le président Eltsine subit une opération cardiaque, peu de personnes pensent qu'il en survivra, son état est jugé très critique. Pour aider les spécialistes de Moscou, on convoque le meilleur chirurgien cardiaque américain Michael Ellis Debakey (décédé le 11 juillet 2008),il réalise une opération parfaite, mais selon Eltsine, sa vie fut sauvée que par la guérisseuse Djouna.

https://fr.wikipedia.org/wiki/Michael_E._DeBakey

Les médecins venaient de partout à son chevet et ils diagnostiquaient : « Il va mourir ». Alors le colonel Savenkov et Djouna la sorcière guérisseuse ont retiré l'âme du corps, l'ont faite léviter dans l'espace, à une altitude de 100 km et l'y ont conservée pendant huit heures, alors que le corps d'Eltsine était en salle d'opération. Puis une fois l'opération terminée, son âme fut remise en place par ces médiums. Aussi pour la réussite de cette expérience Djouna, pourtant civile, n'ayant jamais été militaire, fut promue au grade de général des services médicaux, selon monsieur Malevanny. Une sorcière Général de l'Armée Russe. Comment en arriva-t-on à ce scandale ?

Le directeur de la Commission des sciences pour combattre les pseudosciences, le physicien Rostislav Polishchuk, était de longue date, un farouche adversaire des médiums et guérisseurs. Selon lui, aucun d'entre eux ne pouvait être sujet d'une étude sérieuse, tous les miracles, affirme-t-il, sont sans fondement. Il fit de ce sujet sa croisade, une affaire personnelle épidermique. La Russie a connu une catastrophe, l'effondrement des visions du monde précédentes, la croyance en la doctrine du communisme, sur de grands idéaux, mais comme beaucoup de choses en ce monde, tout à une durée de vie limitée dans le cœur des hommes. Les personnes perdirent ce soutien idéologique d'une vision d'un monde dans lequel il y avait un ordre, où chacun devait trouver sa place dans une communauté socialiste communiste patriotique solidaire. Les soviets anéantirent la foi chrétienne dans le cœur des hommes, par 70 ans de persécutions, de destruction de lieux de culte. Les gens du peuple retombèrent à un niveau sans foi ni loi, ce fut la naissance des mafias dans les pays de l'est, le pillage des fonds publics, l'appropriation des biens de l'Etat par les élites et l'abandon de la foi par beaucoup de gens qui retournèrent vers la magie primitive, le chamanisme et la sorcellerie. Dans ce mélange étrange de pertes de repères, certains scientifiques s'opposèrent à la déviance Etatique, dans les domaines dits des pseudosciences, d'où la création d'un comité qui s'en prit violemment au sujet ufologique des ovnis puis aussi aux médiums et guérisseurs, bien que dans les faits, très fermement établis, ils ne réussirent pas à déboulonner ce second thème tant la prédiction divinatoire et la guérison chamanique, s'ancra dans la vie des dirigeants du pays puis par extension dans tout le pays. Au travers d'émissions télévisées spécialisées qui présentaient ces personnes avec des super pouvoirs au-dessus même des médecins et de la médecine traditionnelle, on fait beaucoup de mal à la psychologie sociétale collective. Un médecin russe peut gagner cent fois, mille fois moins, qu'un guérisseur.

Il appartient donc à l'initiative de la Commission et pseudoscience la fermeture de ce département spécial 10003, les résultats des scientifiques militaires et académiciens ne furent pas reconnus et il y eut même le rejet total de dossiers de divination avérés, de guérisons sur des personnes à distance et surtout le volumineux dossier des soucoupes volantes. Les fonds qui lui étaient rattachés depuis longtemps, surtout de 1978 à 1991 puis début des années 1990 à début des années 2000 (2003), se tarirent définitivement. Donc voilà le tableau public, officiellement on tente de faire table rase de ce passé déviant, tandis que de leur côté les agences de renseignement comme la CIA et le KGB ont leurs experts qui nous assurent qu'aux USA tout comme en Russie, ce travail dans la zone non identifiée du paranormal est toujours en cours, mais dont les tenants et aboutissants ne sont pas rendus publiques, afin de ne pas provoquer une panique ou de l'incompréhension, des subventions fraichement débloquées les alimentèrent de toute évidence. Cependant, il est probable que le niveau élevé du secret de ces ministères et programmes ait atteint le niveau du mythe, avec un succès proche de celui des romans de science-fiction et films d'Hollywood. L'unité 10003 fut dissoute, mais les services de renseignement russes ne fermèrent pas définitivement la poursuite du volet sciences parallèles, le travail qui était déjà secret devient désormais encore plus hermétique, de nouvelles subventions arrivent par des crédits sous couverts d'autres activités. Cela fut organisé avec le management des directions du KGB, sous l'œil des dirigeants du pays, sans qui rien ne fut possible. Comment cela se peut-il ? Quels sont les faits qui déclenchent l'émergence de programmes spéciaux dans les entrailles du KGB ou de la CIA des années 50 aux années 80 ? On peut répondre en premier par l'intérêt des autorités à prendre le contrôle de la situation, d'assurer l'obéissance dans le pays et la suprématie du pouvoir sur ses adversaires. En second lieu, l'occultisme a toujours été source de curiosité, certaines aptitudes mentalistes relativement avérées, ne sauraient être si facilement rejetées, tant nombre de cas sont survenus, n'en déplaise aux sceptiques. La science est un niveau de connaissance, à un moment donné de l'humanité, ainsi la science qui savait tout en l'an 1600 déclarait la terre rigoureusement plate. Aujourd'hui nous sommes à un autre stade, mais s'imaginer que nous savons tout de l'univers, que nous en comprenons l'intégralité, frise le ridicule absolu. Ainsi l'homme se cultive, tente désespérément de se placer au-dessus de la présence divine, de l'existence de forces spirituelles ou psychiques, il s'autoproclame unique dans l'univers, car il ne saurait pas exister d'êtres vivants dotés de conscience sur d'autres planètes. L'homme du peuple croit en beaucoup de choses, il n'exclue pas celles du milieu divin et surnaturel, c'est le fondement de la naissance des religions sur terre, le fait que l'être humain conscient se rattache à un domaine spirituel, se replie à son monde intérieur doté d'une âme, en lien avec la présence divine. Toutes les civilisations, depuis l'ancienne Egypte en passant par Rome, la Grèce, la Chrétienté ou le Bouddhisme, se sont articulées autour de la question de qui nous sommes, et pourquoi nous sommes humains. Certains dotés de sagesse, d'autres d'intelligence, d'autres d'empathie ou de force physique…voire de pouvoirs immatériels. En tout cas, si nous cessons d'y croire vous et moi, les services secrets Russes et Américains pour ne pas en citer d'autres, eux, continuent à tout tenter pour accéder au contrôle mental et psychologique sur les personnes, explorant d'autres possibilités, s'ouvrant sur l'existence d'autres vies en dehors de la terre. Un article avec des témoignages très diversifiés sur ces théories parut en décembre 2014 dans une revue Moscovite. Selon le vieil adage Russe : « Je crois en tout ce que vous me dites mais je vais quand même vérifier si c'est vrai ».

ZHITKUR

À la frontière des régions d'Astrakhan et de Volgograd, dans le district de Sredneakhtuinsky se situe Zhitkur (Житкур (Астраханской и Волгоградской областей). Le chemin d'accès qu'empruntent la plupart des touristes russes pour se rendre dans ce territoire super-secret, passe par la base de Kapustin Yar, qui a suscité nombre de livres et films, par le nord-est de la base depuis le lac Elton. Cela est dû en raison de l'engouement des curistes pour les bains de boues dans le lac Elton et plus au sud celui de Baskunchak. Aussi depuis 1998 beaucoup n'hésitent pas à traverser la steppe en 4x4 pour se rendre à un endroit où on croyait qu'il y avait des entrepôts souterrains avec des débris de vaisseaux extraterrestres « Zhitkur ». Version actuellement démentie par certains ufologues Russes. Le lac Elton est l'un des endroits naturels les plus insolites de la région de Volgograd. C'est une véritable merveille naturelle, joyau des steppes de la Volga, le plus grand lac salé d'Europe s'étendant sur un terrain plat de 152 km2. Il est difficile de trouver un endroit similaire à Elton en matière de beauté et de diversité paysagère, lac peu profond, plages, terres salines, pittoresques estuaires fluviaux, ravins, vallées etc. Le Lac Elton est proche de Zhitkur à 29 km seulement, la ville abandonnée et rasée. Au sud du lac se niche le hameau de Priozerny (Приозерный) à environ 37 km de Zhitkur, c'est par cet accès que des ufologues parvinrent à plusieurs reprises dans la zone d'exclusion qui détiendrait un ensemble de bunkers à une profondeur de 400 m dans un endroit sous Kapustin Yar longtemps localisé dans ce fameux village de Zhitkur. Complètement à l'Est de la steppe de 650 km/2 de la Zone 51 Soviétique de Kapustin Yar, la fameuse base expérimentale qui demeura secrète durant longtemps, se trouve ce Lac Elton. C'est aussi un autre lieu sous lequel on peut enfouir ce que l'on veut et qui passera inaperçu à toutes les observations des satellites espions, car on ne peut rien voir du sous-sol du lac par les moyens techniques dont on dispose. Il est bordé dans sa circonférence d'une large bande de cristaux de sel pailletés dorés étincelants, comportant des plages, escarpements, ravins dans une grande diversité de paysages. Le Lac Elton (Эльтон) (49° 08′ nord, 46° 40′ est) est rendu imperméable aux observations aériennes et Satellites en raison d'une épaisse couche de sel, son altitude est de 18 m au-dessous du niveau de la mer. L'immense bassin du lac Elton est rempli par une eau de couleur or-rose en plein milieu de nulle part dans les steppes du désert. Situé à l'ouest du lac Elton et au nord du cosmodrome de Kapustin Yar, s'étend la zone que les habitants appellent Mars (Марс), Les résidents locaux parlent souvent d'ovnis qui planent au-dessus de ce territoire que les ufologues globalisent avec l'ancienne ville de fantôme de Zhitkur toute proche. Revenons au milieu des années 90, des ufologues amateurs, et un en particulier, Afanov, théorisent l'existence d'un lieu secret derrière des rangées de barbelés sur lesquels passe le courant. On y trouverait environ une douzaine de grands hangars, mais une chose est encore plus intéressante à Zhitkur, des constructions souterraines dans la partie nord-est de la base, serait enterré un complexe militaire secret autonome avec toutes les mesures de précaution imaginables, pour protéger des fragments et des structures entières d'OVNIS stockées et étudiées pendant 60 ans, depuis 1948. Longtemps, des ufologues Russes et Ukrainiens soutiennent dans des ouvrages et reportages, que les hangars et Bunkers de Zhitkur, renferment des fragments d'OVNIS, des navires spatiaux entiers capturés suite à des écrasements au sol en territoire de l'URSS et dans les pays du Pacte de Varsovie. Le bunker souterrain comprendrait dépendances de vie et laboratoires, coursives et tunnels ferroviaires, une salle d'au moins cinquante mètres, abriterait cinq engins volants, dont deux soucoupes, un engin assez long en cigare tenant sur toute la longueur de la pièce, puis dans un coin un engin exotique plus aérodynamique surnommé le Dauphin. La presse occidentale, les médias, l'internet et le cinéma s'y sont penchés. Aujourd'hui Il n'y aurait plus de traces d'accès à ces hypothétiques structures souterraines, systèmes de ventilation ou de communication, routes et chemins de fer qui aurait comporté une ligne de 3,5 km, voire un accès entre la gare d'Elton Zhitkur, s'il y a eu quelque chose, toute la ville a aujourd'hui disparu. Il y a eu des ovnis sous Zhitkur, ou en tout cas des objets volants dont on ne désirait pas que le monde en prenne connaissance, cet endroit contient de terribles secrets, nombreux mystères que l'on ne peut mettre en doute. Lorsque 20 ans après sa destruction, les ufologues s'intéressèrent à cet endroit dans les années 2000, le sous-sol comme la surface avait été détruit, tout ce qui s'y trouvait enseveli dans la terre, ou peut-être pas totalement…Quelqu'un visait délibérément à effacer toute mention de la ville de Zhitkur de la face de la terre ? Mais pourquoi ? La base de Kapustin Yar fut survolée au premier semestre 1953 par un avion espion de l'OTAN, un Canberra de la RAF - Canberra PR3 WH726. Le Canberra décolle de la Base Aérienne de Giebelstadt, en Allemagne affrété par la CIA, le vol hautement secret, survole la Volga en direction de la mer Caspienne, puis atterrit à Tabriz, en Iran. Il fait partie d'une première mission d'espionnage aérien suite aux déclarations et au débriefing des scientifiques allemands rentrés chez eux en fin de captivité après avoir participé aux recherches sur les fusées et missiles soviétiques issus de la technologie allemande prise à l'ennemi en 1945. Le lancement de la première fusée date du 18 octobre 1947, une fusée Articul T V 2, sous la supervision du Lieutenant Général Vasily Voznyuk, une des 11 fusées assemblées et disponibles réquisitionnées aux allemands sur les rampes de lancement destinées à bombarder Londres. Cinq ans et demi plus tard le site est survolé, photographié par les occidentaux et comme par un curieux hasard, cette même année 1953, une première évacuation massive avec destruction partielle de Zhitkur a lieu. Plusieurs sources donnent une grande évacuation en 1953 deux autres en 1983 puis 1985. En 1998 dans le village voisin de Loshine, il restait juste une dernière maison, un couple de personnes âgées, l'homme et sa femme y vivaient sans commodités, sans électricité, ne sachant pas où aller. Si vous questionnez les autorités sur Zhitkur, il y a un poste d'observation militaire radio pour suivre les lancements orbitaux mais personne d'autre ne se trouve ici depuis 1953 ou 1980, les versions divergent. Des témoins oculaires se souviennent de ce qu'était Zhitkur en 1992 : « Dix douzaines de vieilles maisons », la moitié d'entre elles sont vides. Sur deux ou trois maisons, des slogans soviétiques fanés. La seule attraction était ici un magasin, où une fois par semaine, les cultivateurs apportaient des produits issus de la « 31e ferme militaire », et pouvaient acheter quelques denrées avant de repartir. En 1992 on comptait 120 maisons et hangars parfaitement debout. Les ufologues n'ont pas menti, cela prouve que tout n'a pas été rasé en 1953, 1983 ou 1985, mais lorsque les plus curieux s'aventurent sur le site, et réalisent les premiers reportages photo en 1998, il n' y a plus rien, cette fois-ci, tout a été enseveli, recouvert de terre par des bulldozers, cela se reconnaît, car une ville avec des ruelles plates et rectilignes s'est transformée en un amoncellement bosselé de terrils, par endroits le sol est stérile, de couleur marron, à d'autres, des petites herbes vertes. On n'a pas seulement évacué ou démoli la ville, pour ne laisser que des ruines de structures explosées volontairement de la main de l'homme, les autorités ont enseveli sous la terre un village perdu au milieu de la steppe et qui ne servait à rien. Désormais les curieux du monde entier ont abandonné l'idée du bunker secret, et c'était le but recherché. Ainsi finit Zhitkur, l'ancienne ville paysanne près du village de Loschina, dans la région de Volgograd, appartenant au site d'essai Kapustin Yar. Les deux implantations Zhitkur et Loschina, n'existent pas officiellement depuis le début des années 1980, seules les fondations détruites des maisons sont restées perceptibles sous l'herbe. Selon les témoignages de retraités, les bâtiments résidentiels étaient fonctionnels de 1948 à 1979, on retrouve des témoignages qui attestent formellement de la vie sociale qui s'y déroulait en 1992 soit 39 ans après qu'officiellement toute la population ait été transférée ailleurs. S'il n'y a plus de secrets là-bas, plus on creuse sur les dates et ce qui s'y est passé, et plus on entre dans la confusion. Dans le centre de Zhitkur s'élève un monument aux héros qui sont tombés dans les batailles pour le pouvoir des Soviets pendant la guerre civile. Une plaque énumère les noms de 66 personnes, habitantes de la ville de Zhitkur, tuées par les gardes blancs le 5 mars 1919. Le monument trop vieux, à la mémoire des combattants rouges par le régime soviétique est a 50 du poste d'observation militaire, un obélisque au socle carre en briques avec 17 noms sur la stèle, figure au centre d'un terrain ceinturé d'une clôture en ferraille carré. Le socle est régulièrement repeint à la chaux, ce qui démontre qu'il est entretenu malgré les 100 ans écoulés. Un petit lac avec des eaux grises reflète la clarté du ciel au milieu d'une terre sèche, non loin du monument, à la périphérie Zhitkur, le vieux cimetière remontant au moins aux années 1900 et dans lequel on trouve à la fois habitants et anciens détenus de camps Goulag, des travailleurs ayant participé à la construction de Kapustin Yar en 1948-1950. Des dates sont lisibles, permettant d'affirmer que de 1930 à 1980, il y eut une vie sociale active ici. Plus symbolique et épouvantable encore, au sol, plusieurs dizaines de vieilles croix saillantes, dont certaines sont fabriquées à partir de matériaux de récupération improvisés. Pour des inhumations à la hâte ? Mais dans la précipitation de quoi ? Toutes ces pauvres vieilles croix sont assemblées à partir de matériaux de rebut, improvisés à la maison, morceaux de tube, de barres de métal, parfois sur des croix une étoile, sans doute pour un komsomol non chrétien. Il y a quelques noms gravés, mais surtout seulement des initiales avec la date de la mort, dans la période de 1937 à 1952. En lisant les dizaines de noms et d'initiales, on se rend compte qu'il s'agit pour la plupart de femmes, où sont les hommes ? Certaines des croix sont tellement rouillées, que vous ne pouvez pas lire beaucoup plus, elles se désagrègent couchées au sol. Une inscription de nom féminin concerne une jeune fille décédée à l'âge de 19 ans en 1952. Le village, aujourd'hui détruit, est niché dans le sud du district moderne Pallasovsky (Палласовский район) de la région de Volgograd, à 28 km au sud-ouest du lac Elton. C'est ainsi qu'il fut rattaché lors de sa fondation en 1840 à Pallasovk district de la région de Volgograd, le centre administratif Romashkovskogo comme petit bourg d'habitat rural. Zhitkur Житкур), 48°57'14.5"N 46°15'44.2"E. Le nom du village est d'origine Kazaque, provenant du premier habitant qui était natif du Kazakhstan, monsieur Jytkyr. Le village nait en

1840. Dans la liste des zones peuplées de l'Empire russe des années 1861 à 1865, Zhitkur s'appelle Khurotom (хутором), litéralement le « petit village russe sans église ». A Zitkur avant 1861, on construisit 60 maisons où résidaient 410 personnes, selon le recensement général de la population de l'Empire Russe de 1897, le nombre des habitants monte rapidement à 2857 personnes. La petite ville obtient enfin son église consacrée à la sainte vierge de la nativité, construite en 1894, dont le clocher fait 19 mètres de haut. Le 5 mars 1919, l'armée blanche Tsariste de Sabinin entre dans le village procédant à l'arrestation de 66 rouges par l'armée blanche, et en tue 29. Un monument à leur mémoire est érigé en 1921 sous forme d'obélisque. Il s'y trouve toujours en parfait état en 2018. De 1928 à 1935, le village faisait partie de la région de Vladimir du district d'Astrakhan, comté aboli en 1930, devenu territoire inférieur de la Volga en 1934 région de Stalingrad. Par décret du Présidium du Comité exécutif régional de Stalingrad, le 19 Août, 1935 № 3254, le village de Zhitkur est devenu un bourg de la zone du lac d'Elton (Эльтон). Dans les années 1930, le journal local Kolkozes de la Steppe (Степной колхозник), publie l'existence de grandes fermes collectives, portant le nom : Boudennogo (Буденного), entre 1930 et 1950, un second kolkoze du nom du Chemin d'Ilitch est organisé (Путь Ильича) de 1930 à 1946, puis le dernier à voir le jour sera le kolkoze Bannière Rouge (Красное знамя) qui exista de 1936 à 1948. Il y avait tout autour des éoliennes, des moulins à vent, témoignant de plantations céréalières destinées au blé à pain. En 1930, par représailles des tchékistes arrêtent les personnes lors des purges staliniennes, les recensements qui suivent de 1935 à 1963 chiffrent 1886 habitants. En 1939, la ville compte 2676 personnes. Pendant la Grande Guerre patriotique (1941-1945), environ 360 villageois sont tués ou portés disparus. La ville qui en trente ans a vu progresser sa population par sept, redevient un petit village dont la moitié des résidents est déportée aux Goulags, ou expédiée combattre sur le front. À l'été 1942, près du Zhitkur, situé à l'arrière du front sud-est, un aérodrome militaire est construit en un temps record. Un hôpital militaire est établi dans le village. Dans les jours d'été troublants de 1942, sur le territoire des villages du district Elton, Kochergin, Mars, Vishnovka, Elton et Zhitkur, il est déployé 5 terrains d'aviation ayant nécessité 17 966 journées de travail réparties sur un nombre de travailleurs dont on ne connait pas la quantité exacte, on sait toutefois que la construction des aérodromes s'achève en seulement 45 jours. Selon la décision du Comité de défense de l'Etat, six voies de chemin de fer sont posées sur le territoire du district, en seulement un mois pour 1942, ce qui a doublé la capacité du chemin de fer Saratov au lac de Baskunchak. Les habitants de Zhitkur prennent une part active dans cette construction. Par décision du Conseil des ministres de l'URSS du 13 mai 1946, la base secrète de Kapustin Yar est officiellement fondée. Le village de Zhitkur tombe dans la zone d'exclusion secret défense, certains de ses habitants civils sont évacués vers d'autres colonies du district Pallasovsky (Палласовскому району) de la région Sud de Stalingrad. Selon des retraités locaux, il y avait encore trois fermes collectives autour de Zhitkur en 1946 avec aussi le haras n°47 renfermant des chevaux pur-sang. En 1946 le nettoyage du territoire commence, il se dit que les anciens se souviennent d'une steppe nue en 1947, la ville de Zhitkur est rasée. L'encyclopédie officielle de la région du Kazakhstan Ouest indiqué que, dans le cadre de la création du terrain d'essai militaire de Kapustin Yar, une partie du territoire de la région Urda a été donné convertie en zone militaire en 1947. Ce territoire devait être complètement propre, les gens parqués dans des trains de marchandises sont autorisés à prendre avec eux quelques effets personnels, plus de dix mille personnes ont été réinstallées de force dans la région sud du Kazakhstan. Ensemble avec la population, sont transférés les animaux de la ferme, qui ont immédiatement commencé à mourir par la suite dans les wagons, en l'absence d'eau par un climat très chaud. Beaucoup tentent de rentrer chez eux, ils se réinstallent illégalement dans d'autres villages de la région, selon un vétéran de la Seconde Guerre mondiale âgé 93 ans Mukhtar Azgulov, originaire d'Urda. Si on consulte d'anciennes cartes militaires, Zhitkur, est noté comme une colonie, c'était à un moment donné, un camp Steplag Goulag, dont la dernière ferme collective fut fermée en 1950. La légende du Bunker de Zhitkur, commence avec le hangar secret n°754, celui-ci aurait plus de 150 m de long et contiendrait 5 ovnis entiers récupérés, le second hangar de 74 m contiendrait les pièces et morceaux issus de divers crashs. Mais en 1998, les civils qui s'y aventurent, trouvent terre de désolation bosselée, maladroitement nivelée, les décombres méticuleusement concassés, sont recouverts d'herbes jaunies. Quand on connait le nombre de villes, usines, installations et bases militaires laissées en état d'abandon intactes depuis la chute de l'URSS en 1992, on peut se demander en quoi gênait le village ? Et pourquoi justement il a fallu faire tout disparaitre de cet endroit très précisément ? Pour certains experts rien ne serait impossible, en effet, de telles constructions sous la terre ont déjà été créés en creusant des montagnes de roche à Balaklava, Yamantau, et ailleurs. Une installation souterraine massive existerait dans les montagnes de l'Oural sur la montagne de Yamantau, à 5 kilomètres à l'est de la ville de Mezhgorye. Bien que la taille réelle de l'installation soit inconnue, on dit qu'elle s'étend sur plus de quatre cent mille mètres carrés. La Russie serait experte en ce type de créations souterraines. Le 16 avril 1996, le New York Times fait état d'une mystérieuse base militaire en construction en Russie, on pense que ce complexe souterrain, est assez grand pour accueillir 60 000 personnes, avec un système spécial de filtration de l'air conçu pour résister à une attaque nucléaire, chimique ou biologique. On pense que suffisamment de nourriture et d'eau sont stockées sur le site pour soutenir toute la population souterraine pendant des mois. Les occidentaux estiment qu'il a fallu près de 10 000 travailleurs pour achever le complexe de Yamantau, situé à proximité de l'un des derniers laboratoires d'armes nucléaires russes, Chelyabinsk-70, laissant supposer qu'il pourrait abriter un dépôt nucléaire, une base de missiles, un centre secret de production d'armes nucléaires, un laboratoire énergétique dirigé ou un poste de commandement enterré. Quoi qu'il en soit, Yamantau est conçu pour survivre à une guerre nucléaire. Les Russes érigent deux villes entières sur le site, connues sous le nom de Beloretsk 15 et Beloretsk 16, interdites au public, chacune avec 30.000 travailleurs. Aucun étranger n'a jamais mis les pieds près du site. Un attaché militaire américain stationné à Moscou fut refoulé lorsqu'il tenta de visiter la région. On considère depuis 1992 que ce complexe est le plus grand projet de sécurité nucléaire au monde. Il y a de très grandes voies ferrées à l'intérieur et à l'extérieur, avec d'énormes pièces creusées à profondément dans la montagne pour résister à une demi-douzaine de coups nucléaires directs. Leonid Akimovich Tsirkunov, commandant de Beloretsk-15 et de Beloretsk-16, déclare en 1991 et 1992 que la construction a pour but de construire un complexe minier pour le traitement du minerai, qu'il s'agit d'un entrepôt souterrain pour la nourriture et les vêtements. Le commandant en chef des forces stratégiques des fusées, le général Igor Sergeyev, nie que l'installation soit associée à des forces nucléaires.

Dans ces bunkers, la liste des captures d'ovnis par les Russes serait assez conséquente, un ovni récupéré en 1948, un autre de diamètre 9 m récupéré entre le Kirghizistan et la frontière avec la Chine, un de forme discale récupérés en Afghanistan en novembre 1988 durant la participation Russe à la Guerre en guerre Afghanistan de 1979 à 1989, un ovni encore, un disque de 12 m de diamètre récupéré dans les montagnes du Caucase à Prodavnica, un en forme de cigare long de 35 m et haut de 6 m récupéré dans la région d'Astrakhan en 1960, un en forme de dauphin avec un aileron dorsal récupéré en 1987 au Nord de la Russie. A consulter sur ce sujet les articles concernant le 6 mars 1983 relatant Ovni dans le Caucase, (НЛО в Кавказе), une chute au sol d'engin volant non identifié, très similaire à une autre de 1985. Dans le hangar adjacent des morceaux d'épaves et aéronefs suite à des crashs, un fragment de métal en forme de poisson raie Manta récupéré en 1978 au Kazakhstan, un autre fragment très argenté provenant de Sverdlovsk au Nord du Kazakhstan dont les scientifiques déterminent qu'il fait partie d'un disque de 26 m de diamètre pesant 15 tonnes, un autre fragment du 18 août 1960 au Kazakhstan, les différents fragments proviennent de plusieurs crashs d'ovnis, de technologies différentes, de civilisations de type humanoïde distinctes. Plusieurs ufologues russes se sont cassé les dents sur ce fameux Bunker 754, au point où après 20 ans d'affirmations, certains changent d'opinion, affirmant désormais qu'il n'y a plus rien à Zhitkur ni à Kapustin Yar, ni à Kapustin Yar 1, la ville, qui est rebaptisée depuis 1962 Znamensk. Il s'agit d'une ville remplie de civils et de militaires très contrôlée, à statut fermé, c'est-à-dire que pour les étrangers l'on y entre et on en sort avec des autorisations spéciales délivrées par les services de renseignement Russes, le FSB. Chaque demande est examinée avec attention, très peu de laisser passer Propusk sont donnés. Ils sont à présenter systématiquement aux postes de contrôle de la police et check points militaires tenus par l'unité n°33763 en charge des servitudes de garde (en 2016). La ville sort de terre tardivement, de 1946 à 1948, les logements de tentes et baraquements sont de mise à même la steppe de la base, orientée côté Est de la rivière Volga. Selon les habitants ce n'est qu'en 1949 qu'apparaissent les premières habitations finies, la ville n'a pas de nom encore, la base est Kap Yar. Les casernements, bâtiments administratifs, les prémices de la ville voient le jour en 1951. Chaque année, quelques maisons de plus, furent construites selon des conceptions modernes de leur temps, principalement des immeubles à deux étages ou des maisons basses. En 1962 la ville est rebaptisée Znamensk, présentant une architecture de faible hauteur en comparaison avec les grands immeubles bétonnés de Volgograd, faisant un peu village provincial. Elle se situe à peu près à 6 m au-dessus du niveau de la mer, éloignée de 350 km de la capitale régionale Astrakhan, au sud et à 44 km de la ville la plus proche Leninsk. Le 3 juin 1960, deux objets volants se sont écrases a Kapustin Yar, des sphères lumineuses créent une réaction en se déplaçant, une boule de feu en expansion, provoque des explosions en chaine, un ovni détruit trois fusées sur leurs pas de tir, le second continue son vol et entre dans un entrepôt de combustible, il y aurait des restes de l'objet. L'un des ufologues les plus connus de la Russie Vladimir Ajaja découvre une zone elliptique dans laquelle il déclare qu'un engin extraterrestre tomba à terre en 1961. Les animaux évitent la région, les énergies étranges affectent le pouls et la respiration. Une résidente locale, Zoya Shubenkina, corrobore l'histoire d'Ajaja au sujet de l'accident de 1961, affirmant qu'elle en fut elle-même témoin. Elle précise qu'une grande boule de feu rouge survola sa maison et s'écrasa dans la vallée de la rivière près de Znamensk. Lorsque des avions espions U2 Américains photographièrent le complexe de Kapustin Yar, il y avait au moins quatre sites de lancement balistiques, quatorze plateformes de lancement, un centre de suivi radar très sophistiqué, trois longues pistes et de nombreux domaines identifiés. Et il y avait aussi d'étranges motifs géométriques sur le sol. Beaucoup de chercheurs d'OVNIS croient que ces conceptions attirent les OVNIS et sont modelées sur les anciens glyphes que l'on trouve dans le monde. Quoi qu'il en soit ces dessins au sol existent ici, de même qu'à la base de la zone 51, une aire géographique du Nevada aux États-Unis bien connue pour ses mystères. Pourquoi les militaires ont-ils dessiné des glyphes sur le sol ? Pourquoi ont-ils enseveli Zhitkur ? Pourquoi ont-ils acheminé les gravats à des kilomètres de là, au lieu de tout laisser sur place en plein désert ? Peut-être que suite à cela, quand on ne voit plus rien, on pense que rien n'a existé, alors que Zhytkur fut une ville de 4 000 habitants au siècle dernier et aurait dû compter trois fois plus de résidents après la guerre…

LES ORTHODOXES
S'OPPOSENT AUX MAGES DU KREMLIN

En 2018, les croyants orthodoxes sont fatigués des saisons du programme de téléréalité « Bataille d'Extrasens » (Битва экстрасенсов), de la divination dans les médias, au détriment des valeurs morales que la société devrait véhiculer. Pourtant, les programmes de ce type obtiennent une audience inquiétante parmi les téléspectateurs Russes, sans doute en raison des grands renforts de publicité qu'ils font autour de leurs diffusions à des heures de grande écoute.

Le sorcier Novikov, avec d'autres médiums anciens salariés des services de l'information et du renseignement de l'Etat. L'engouement pour l'occultisme et le yoga de Dmitri Medvedev est connu, le professeur de yoga du Président Medvedev était Aloka, (Aloka Nama Ba Hal), né à Magdebourg en ex RDA. Aloka est un anesthésiste ayant travaillé dix ans dans différents hôpitaux en Allemagne, dans les unités de soins intensifs, ce gourou réalise de nombreux séminaires en Russie.

La Russie Orthodoxe Russe mène une réflexion en profondeur, d'abord sur son passé historique et ses conséquences, et aussi sur notre société occidentale dont le standard de vie ne leur convient pas. Leur mode actuel leur suffit parfaitement et ils estiment pouvoir le proposer comme une alternative fédératrice porteuse d'un renouveau moral, d'un mode d'existence plus respectueux de l'humain, empreint de spiritualité, cohésion et réciprocité. L'influence spirituelle de l'Orthodoxie sur l'histoire contemporaine Russe, ainsi que son implication morale sur les actions politiques, est une renaissance d'une véritable spiritualité associée à la préservation des traditions nationales, une fierté patriotique fédératrice

Dans les milieux officieux, il se dit que Vladimir Poutine, se convertit au Christianisme, à l'Orthodoxie et devient assez fervent, au point où il est soutenu au pouvoir par les anciens orthodoxes, parmi lesquels le plus important, l'archimandrite Tikhon Shevkounov, recteur du monastère de Sretensky. Tikhon est appelé non seulement le confesseur de Poutine, mais c'est son idéologue, influant les décisions de l'Etat sous la présidence Poutine. Le moine Vladimir Vladimirovitch déclare que son entourage, est en majorité composé de Tchekistes à la retraite de l'ancien KGB, convertis à la religion orthodoxe.

Le 2 juillet 1958 nait à Moscou le confesseur de Poutine, Georgy Aleksandrovich Shevkunov, il est aujourd'hui l'Evêque Tikhon de Legorievsk, Vicaire du Patriarche de Moscou et de toute la Russie. Il contrôle le Vicariat ouest de la ville de Moscou. C'est aussi un écrivain d'église qui dirige le monastère Sretensky, éditeur et rédacteur en chef du portail internet Pravoslavie.ru, d'une maison d'édition, producteur de films et documentaires diffusés à la télévision, d'une maison d'édition d'ouvrages à caractère religieux. Le père Tikhon jouit d'une très grande influence dans les médias télévisés, la presse écrite et littéraire, ainsi que dans les hautes sphères du pouvoir de l'Etat grâce peut être à ses liens avec le kremlin. En 1982 il est diplômé de l'institut national de la cinématographie de Moscou, spécialisé dans le travail littéraire, également baptisé cette année 1982 à l'âge de 24 ans, peu après il devint novice au Monastère de Pskov-Pechersky. A cette époque il n'y avait que deux monastères d'hommes en activité sur toute l'URSS, en 1991 après neuf ans de noviciat il prononce ses vœux monastiques sous le nom de Tikhon.

L'Archimandrite Ioann (Архимандрит Иоанн), de son nom de naissance Yvan Mixaïlovitch Krestiankin (Иван Михайлович Крестьянкин) devient le maitre spirituel de Tikhon. L'Archimandrite John et le père Tikhon sont les personnalités religieuses qui en 1999-2000 vont amener Vladimir Poutine à l'orthodoxie. Voici le contexte de l'époque, comme l'archimandrite Tikhon l'annote dans son ouvrage devenu un bestseller : « Saints de Tous les jours et autres récits », traduit du Russe par Maria-Luisa Bonaque aux éditions des Syrtes 74 rue de Sèvres, 75007 Paris, ISBN 978-284545-176-6 :

« Nikita Khroutchev, secrétaire du comité central du PCUS de 1953 à 1964, avait alors besoin à tout prix d'une grande victoire. D'une victoire non moindre que celle de son prédécesseur dont il enviait douloureusement la gloire. Il avait décidé d'associer son futur triomphe au millénaire de l'Eglise Russe et lui avait déclaré la guerre, promettant solennellement devant le monde entier qu'il montrerait bientôt à la télévision le dernier pope Russe. Aussitôt, des milliers d'églises et de cathédrales furent dynamitées, fermées, transformées en entrepôts et stations de motoculture. La plupart des séminaires furent supprimés. Presque toutes les communautés monastiques furent dissoutes et bon nombre de moines jetés en prison. Il ne resta plus sur le territoire de la Russie que deux monastères, dont celui de la Trinité-Saint-Serge, qui fut conservé par les autorités comme réserve religieuse que l'on montrait aux étrangers » fin de citation.

Le père Ioann séjourne pendant près d'un an dans une cellule solitaire de la prison de la Loubyanka, soumis à de terribles tortures. Son interrogateur avait les mêmes prénoms et patronymes que le père Ioann. Quotidiennement le père Ioann priait pour lui. Cet interrogateur lui brisa toutes les phalanges.

Une confrontation fut organisée avec le recteur dénonciateur. Le père Ioann savait parfaitement que ce prêtre était la cause de son arrestation et de ses souffrances. Mais il fut tellement heureux de voir un prêtre avec lequel il avait concélébré la divine liturgie qu'il sauta à son cou pour l'embrasser. Le recteur, victime d'un malaise, s'écroula.

Le père Ioann ne disait jamais de lui-même qu'il était un starets. Lorsqu'on le lui rappelait il s'exclamait :

« Mais quels starets sommes-nous ? Des petits vieillards avisés, dans le meilleur des cas ».

Le père disait à propos de ses années de camp :

« C'est la meilleure période de ma vie : Dieu se tenait tout près. Je ne me souviens de rien de mauvais, je ne sais pas moi-même pourquoi ? Je pense aux Cieux entrouverts et aux anges qui y chantaient. Je ne sais plus prier comme je le faisais dans les camps ».

« Le père Ioann avait le don de connaître les intentions de Dieu à l'égard des hommes », écrit l'archimandrite Tikhon. « Nous n'avons pas perçu ce don d'emblée. Nous avions simplement le sentiment qu'il était un homme que les années avaient rendu sage. Nous croyons que l'on venait par milliers le voir de partout en Russie pour puiser à cette sagesse. Ce n'est que plus tard que nous nous rendîmes compte que les fidèles s'attendaient à bien plus qu'à de sages conseils », fin de citation.

Le père Tikhon cohabite au monastère de Pskovo-Petcherski avec l'évêque Ioann de Pskov qui vécut dans le monastère pendant plus de 40 ans, et que Vladimir Poutine vint rencontrer à plusieurs reprises après la chute de l'Empire Soviétique Communiste fin des années 90 et début des années 2000. En 1950, l'évêque Ioann avait été envoyé au goulag par le KGB pour propagande antisoviétique. Tikhon fut aussi inspiré par le Père Alipi, supérieur du Monastère de Pskovo-Petcherski qui proclamait haut et fort à son propre sujet :

« Je suis un archimandrite soviétique ».

Selon Tikhon dans son livre de mémoires, quand une délégation de fonctionnaires bolcheviques vint lui réclamer les clés des grottes monastiques, le père Alipi ordonna à son frère servant :

« Père Kornili, apporte-moi une hache, nous allons trancher des têtes » fin de citation. Et les employés zélés du comité central du parti prirent la fuite.

C'était un vétéran décoré par l'armée rouge pour des faits de combat durant la seconde guerre mondiale. La moitié de la confrérie des moines dans ces années-là s'était vue décerner des décorations et se composait d'anciens combattants de la Grande Guerre patriotique. Beaucoup de moines avaient survécu aux affreux camps staliniens. D'autres enfin avaient traversé les deux, la guerre et le Goulag, comme le raconte le père Tikhon, plein d'admiration et de respect. C'est près de ce monastère rempli de vétérans de l'armée rouge, moines combattants hommes de Dieu, de saints hommes, que Vladimir Poutine trouve sa vocation. Depuis août 1986 le père Tikhon œuvre au Conseil de l'Edition du Patriarcat de Moscou, le 2 juillet 1991 dans le monastère Donskoï à Moscou, on le confirme moine sous son nom actuel de Tikhon, en l'honneur de Saint jean Tikhon le Patriarche de Moscou. Le 18 juillet de la même année il est ordonné hiérodiacre puis le 18 août élevé au rang de hiéromoine. Le monastère des Grottes de Pskov monastère Pskovo-Petcherski, (Пско́во-Пече́рский Успе́нский монасты́рь), est un monastère russe orthodoxe situé à Petchory, dans l'oblast de Pskov, quelques kilomètres à peine de la frontière estonienne. Le monastère des Grottes de Pskov est un des rares monastères russes à n'avoir jamais fermé ses portes, ni durant la Seconde Guerre mondiale ni sous le régime soviétique. Le monastère, fondé au milieu du XVe siècle, est à l'époque, un Hermitage monastique, car les premiers habitants des lieux sont des ermites installés dans des grottes transformées en appartements. Le monastère se compose aujourd'hui de 10 églises, dont la plus ancienne, aux coupoles dorées, l'église de la Dormition, renferme de précieux trésors, comme l'icône miraculeuse de la Dormition Mère de Dieu (1521), et le reliquaire contenant le corps du saint martyr Corneille. Comme le précise son site :

http://www.pskovo-pechersky-monastery.ru/fr :

« En 2013, le monastère a célébré le 540e anniversaire de sa fondation et de son œuvre de salut au sein de l'Eglise Orthodoxe russe. Les années passent, des Etats s'effondrent et d'autres naissent, mais le monastère reste le ferme rempart de l'Orthodoxie dans un monde en proie à la confusion » fin de citation. Ce monastère a survécu 500 ans traversant les persécutions germaniques ou bolcheviques, on dit aujourd'hui que la puissance spirituelle de ses moines combattants était si pure que la toute puissante Union Soviétique n'a pas réussi à faire fermer le monastère malgré toutes ses tentatives durant plus de 75 ans. En 1993 Tikhon est ordonné recteur au monastère de Sretensky Ulitsa Bolshaya Loubyanka, 19 к. 1, Moskva, Russie, 107031, situé dans la rue qui se prolonge à la suite de l'emplacement de l'ancien siège du KGB place de la Loubyanka. En 1999 il passe recteur de la nouvelle école supérieure orthodoxe Sretensky, transformée en 2002 en séminaire théologique Sretensky de Moscou. En septembre 2003 il accompagne le chef de l'Etat Vladimir poutine dans un voyage aux Etats-Unis d'Amérique. Devient depuis le 5 mars 2010, secrétaire exécutif du Conseil Patriarcal de la Culture. Après le 31 mai 2010, il est le chef de la Commission pour l'interaction de l'église Orthodoxe Russe avec la communauté des Musées. Lors de l'élection du 22 mars 2011, il est introduit membre du Conseil Suprême de l'Eglise Orthodoxe Russe. Le 23 octobre 2015 par décision du Saint Synode on l'élit vicaire du Diocèse de Moscou avec le titre Egorievsky puis le 24 octobre il est titularisé archimandrite dans la cathédrale de Kazan, le 29 octobre par ordre du Patriarche Kirill il assume les fonctions de gouverneur du Vicariat occidental de Moscou. Selon les dires du rédacteur en chef de la station de radio « L'Echo de Moscou », Aleksey Venediktov, en 2017, il a été publiquement affirmé selon des sources initiées que l'évêque Tikhon pourrait être bientôt nommé recteur de la Cathédrale saint Isaac puis métropolite de Saint Pétersbourg, c'est un membre permanent du Saint Synode de l'Eglise Orthodoxe Russe ouvrant la voie pour qu'il soit élu le futur Patriarche de Moscou et de toute la Russie. En 1995, l'archimandrite Tikhon devint recteur du monastère de Sretensky, anciens bâtiments du KGB, où l'on fait condamner à l'emprisonnement 300 000 prêtres, de nombreuses exécutions de masse furent réalisées dans ces bâtiments du NKVD puis du KGB. C'est un homme de contact, un grand orateur, un conférencier, un écrivain émérite dont un de ses ouvrages s'est édité à plus de 2 millions d'exemplaires en quatre ans. Dans la période de 1998 à 2001 il visite à plusieurs reprises la Tchétchénie en guerre, avec l'aide humanitaire de la confrérie du monastère de Sretensky. Homme engagé, il rejoint le 11 août 2015 le Conseil Consultatif d'Experts nouvellement formé en République de Crimée. Selon des confidences parues dans un ouvrage de mémoires rédigé par le lieutenant Général du KGB, N.S. Leonov, il est le père spirituel de Vladimir poutine, il se dit en cachette à Moscou qu'il est son confesseur, bien qu'aucun des deux ne l'ait publiquement reconnu. Ceci permet de comprendre pourquoi les discours et les orientations politiques du président Poutine reflètent les positions morales du Patriarcat Orthodoxe de Moscou. Il était indispensable de parler de ce crédo orthodoxe : « Les Bases de La Conception Sociale de l'Eglise Orthodoxe Russe », car dans tous les discours de Vladimir poutine il y a une allusion ou référence permanente à ces Bases Spirituelles Orthodoxes. Le kremlin ne nie pas que le père Tikhon est un ou le confesseur du président Vladimir Poutine, selon Dimitry Peskov le porte-parole de la présidence : « C'est strictement une question personnelle », mais il ne le confirme pas non plus. Nous savons que lors de la visite de poutine à un Monastère en 1999, Poutine et Tikhon sont souvent apparus en public ensemble, les anciens membres du KGB et du FSB soutiennent que c'est lui qui a converti Poutine, l'ancien colonel du KGB. Pour ma part je considère que c'est plus le père Ioann qui le convertit puis que le père Tikhon l'aide par la suite dans sa spiritualité. Le père Tikhon connait si bien la vie spirituelle du président Vladimir Poutine que lors d'une interview dans un journal grec il dit :

« Vladimir Vladimirovitch Poutine est vraiment un chrétien orthodoxe, et non seulement la valeur nominale, mais l'homme qui avoue, prend part et est conscient de sa responsabilité devant Dieu pour le ministère qui lui est confié et pour son âme immortelle…Ceux qui aiment vraiment la Russie lui souhaitent du bien, ne peuvent que prier pour Vladimir Vladimirovitch que la providence de Dieu a mis à la tête de la Russie » fin de citation. L'Influence du Père Tikhon est grande, presque à lui seul il a fait adopter la loi anti-alcool en Russie, désormais la vente de boissons alcoolisées est interdite après 23h00 jusqu'à 8h00 du matin, du jamais vu en Russie. Les puristes sont contents de la moralisation de la société sous l'égide du Patriarcat moscovite, la télévision n'hésite pas à diffuser largement des sermons et des préconisations dans diverses chaines, il n'est pas rare de pouvoir suivre aussi des diffusions musicales religieuses, où regarder le chef de l'Etat dans ses participations à des évènements liturgiques. Malgré cet essor fondamentaliste religieux certain, les émissions religieuses côtoient mal les programmes de téléréalité divinatoire, et les représentants du culte exhortent les croyants à tourner le dos à ces diableries. D'autres anciens fervents communistes se convertissent tout autant, le moine Cyprian arbore fièrement la plus haute distinction Soviétique Communiste sur sa poitrine. Récemment baptisé vers 2002 dit-il, ce vétéran des troupes internationalistes de l'Armée Rouge en Afghanistan, s'affirme comme un orthodoxe ultraconservateur monarchiste. Valery Anatolévitch Burkov (Валерий Анатольевич Бурков) devient à partir de 2016 le moine Cyprian (монах Киприан), il naquit le 26 Avril 1957 à Shadrinsk, région de Kourgan, colonel de l'aviation militaire soviétique, héros de l'Union soviétique (1991), conseiller du Président Eltsine de 1991 à 1993, déclare :

« Je n'ai jamais nié l'esprit suprême. Deux fois j'ai vu de soi-disant ovnis, eu des rêves prophétiques, vu de la lumière au bout du tunnel aux moments de la mort clinique. J'ai réalisé qu'il y a quelque chose qui dépasse la compréhension humaine », fin de citation.

http://www.pravoslavie.ru/102233.html

Engagé dans l'armée en 1974 à l'Ecole Supérieure d'Aviation Militaire de Tcheliabinsk, il décroche le diplôme de navigateur, échappant à l'enrôlement pour l'Afghanistan en 1981 en raison d'une tuberculose pulmonaire. Après traitement, le capitaine Burkov part participer à des opérations de combat en Afghanistan en Janvier 1984, où se trouve déjà son père le colonel Anatoly Ivanovitch Burkov, né le 31 mars 1934, Novokuznetsk, région de Kemerovo, (il meurt le 12 octobre 1982, entre Kaboul et Bagram, Afghanistan). Anatoly Ivanovitch Burkov périt brûlé vif à bord d'un hélicoptère Mi-8, qui essuyant des tirs d'une mitrailleuse de gros calibre, s'écrase au sol, s'en suit l'explosion des barils de kérosène d'aviation, qui se trouvaient à bord. Tout comme son père le moine Cyprian, est presque mortellement blessé, devenant Invalide des jambes après avoir sauté sur une mine en Afghanistan dans la Gorge de Panjshirsky au printemps de 1984. Opéré à Kaboul par le chirurgien orthopédique V.K. Nikolaenko, qui lui sauve son bras droit fracturé, il est amputé des deux jambes perdant une partie de sa mâchoire et de sa dentition. En 1988, Burkov sort diplômé de l'Académie de l'Armée de l'Air « Gagarine », continuant à servir dans l'état-major de l'armée de l'air, plus tard il obtient le grade de colonel. Le 5 août 1991, Eltsine le nommé conseiller du président de la RSFSR pour les personnes handicapées et président du comité de coordination pour les personnes handicapées auprès du président de la RSFSR. Lors des événements Putschistes du KGB d'août 1991, il était à la Maison Blanche en compagnie du président Eltsine. Par décret du Président Mikhaïl Gorbatchev № VII-2719 du 17 Octobre 1991, le lieutenant-colonel Burkov reçoit l'Ordre de Lénine (numéro 460764) et le titre de Héros de l'Union soviétique étoile d'or massif numéro 11663. L'étoile de héros lui est épinglée sur la poitrine au Kremlin le 7 novembre 199, jour d'une principale fête soviétique. À l'époque, le décret dit : « Pour l'héroïsme et le courage montré dans l'accomplissement du devoir international dans la République d'Afghanistan, la bravoure civile et les actions altruistes pour protéger l'ordre constitutionnel de l'URSS ». On pense que l'attribution de ce titre honorifique a été proposée par Alexander Rutskoi, qui était vice-président de la Russie à cette période. Lors du putsch d'août 1991, Valery Anatolévitch Burkov se rend au- devant des unités militaires, pour enjoindre à ne pas utiliser d'armes contre des civils, notamment les conducteurs de chars stoppés face la Maison Blanche. Par décret du président de la Fédération de Russie n° 1006 du 28 août 1992, Burkov fut nommé conseiller du président de la Fédération de Russie pour la protection sociale des personnes handicapées, à ce titre, Burkov eut l'initiative de proclamer la Journée internationale des personnes handicapées, désormais célébrée chaque année le 3 décembre depuis 1992. Le 17 décembre 1993 il est relevé de ses fonctions de conseiller du président de la Fédération de Russie. Entre 1994-1998 il étudie à l'Académie Militaire de l'Etat-Major Général, malgré le handicap de n'avoir plus de jambes. En 2003 il est candidat tête de liste électorale du parti politique RUS, dont il était membre du présidium du conseil politique, lors des élections des députés de la Douma d'Etat de la IVème convocation. En 2004, Burkov est élu à la Douma régionale de Kurgan travaillant dans le Comité du budget, de la politique financière et fiscale et le Comité de politique économique. Lors des élections de la Douma d'Etat en 2007 il faisait il fait partie de la liste électorale présentée par Russie Juste, régionale de Kurgan, mais il en est expulsé sur la base de la décision du présidium du conseil central du parti car en indépendant, Il n'était pas membre du parti politique. Valery Burkov devient président du fonds Héros de la Mère Patrie (Герои Отечества), et vit à Moscou, très connu comme auteur interprète de chansons dédiées aux événements de la guerre afghane et aux soldats-internationalistes. En 2016, Valery Burkov devient moine orthodoxe avec le nom de Cyprien dans le monastère orthodoxe de la ville de Kara-Balta au Kirghizistan. Marié à Irina, Il a un fils Andreï, diplômé de l'Institut militaire de l'Université technique d'État de Moscou Baumann et sert dans les forces armées de la Russie. De telles conversions ne sont pas rares de nos jours.

Pour les orthodoxes, il est important d'évaluer correctement votre force spirituelle et la pureté de vos intentions, ils estiment qu'il est de leur devoir spirituel, de faire respecter les valeurs morales à la télévision et dans les actions sociétales y compris dans la politique. Selon le prêtre Roman Savchuk :

« La question de l'attitude des chrétiens à l'égard de la politique est complexe et ambiguë. Tout d'abord, cette question n'est pas inactive. Nous, chrétiens, sommes obligés d'y répondre en vertu du fait que telle ou telle sphère de la vie publique nous affecte d'une manière ou d'une autre. Est-ce que cette question compte pour la vie spirituelle ? Je le pense. Sinon, ce sujet ne serait pas abordé dans les Saintes Écritures. Il me semble qu'il est important de généraliser l'expérience des textes du Nouveau Testament. Et la première chose que la Parole de Dieu prête attention est que les chrétiens ne devraient pas négliger les devoirs civils (voir: Mc 12,13-17). En même temps, l'objectif principal de la participation des disciples du Christ à la vie politique du pays est de contribuer à maintenir la loi et l'ordre dont les autorités se soucient (voir Romains 13: 1-7). D'autre part, l'exemple de saint Jean-Baptiste, qui a condamné le dirigeant, ainsi que l'exemple des premiers martyrs chrétiens qui n'obéissaient pas au commandement du gouvernement de saluer les idoles, montrent que les chrétiens ont une obligation importante de rester fidèles à leur appel, leur Dieu, dans toutes les sphères de la vie personnelle et sociale. Peut-être que ces deux aspects de l'attitude des chrétiens à l'égard de la vie civile devraient être la base de notre participation à la vie politique. En ce qui concerne le sort de la patrie, les chrétiens ne devraient pas être indifférents. Quant à la participation à la vie politique au-delà du devoir civique (construction d'une carrière politique, etc.), il est probable que chaque chrétien devrait décider lui-même de cette question. Il est important ici d'évaluer correctement vos forces spirituelles, ainsi que la pureté des intentions. Il me semble que le but principal de la politique, dans son aspect idéal, est de créer de telles conditions de vie civile qui, au moins, n'interfèrent pas avec la vie spirituelle d'une personne et, au mieux, contribuent à son développement. Cela peut être souhaité, cela devrait être recherché et, dans la loi, devrait être recherché auprès des autorités. En même temps, il est important de se rappeler que finalement le salut de l'homme est entièrement dans la puissance de Dieu, qui sait sauver ceux qui l'aiment dans toutes les conditions, et la relation avec qui est plus importante que les circonstances extérieures. », fin de citation. Dans d'autres pays, nous voyons que les ecclésiastiques sont directement impliqués dans le processus politique. Par exemple, le Parlement britannique a longtemps été représenté par le clergé de l'Église anglicane. À l'heure actuelle, les « seigneurs spirituels », soit 26 personnes, parmi lesquelles les prélats les plus influents de l'église, l'archevêque de Canterbury, l'archevêque de York, l'évêque de Londres et d'autres. En même temps, nous voyons que leur appartenance au parlement ne garantit pas la non-acceptation des lois antichrétiennes.

http://www.pravoslavie.ru/111371.html

Les orthodoxes ont besoin et souhaitent un état fort, que l'orthodoxie soit forte, tel est le slogan qui ressort de tous, l'affaiblissement de l'état chrétien entraînait en règle générale l'appauvrissement de la vie chrétienne. Ce n'est pas la politique qui salit une personne, mais une personne qui fait une politique sale, par sa duplicité, sa tromperie, son intérêt personnel. La pratique du spiritisme et d'autres sombres pratiques occultes, qui sont condamnées sans équivoque par la plupart des religions du monde, comme la magie et le satanisme est une source de troubles pour l'Etat et de déviance pour les orthodoxes. La conception d'émissions de radio et de télévision de la chaine Orthodoxe Soyouz à son audience ternie par les chaines à sensation.

L'émission de la chaîne russe TNT « La bataille des voyants » dévoile des personnes qui prétendent être dotées de pouvoirs surnaturels, tentant de convaincre des millions de téléspectateurs, qu'elles le sont effectivement. L'émission est lancée le 25 février 2007 et la 18ème bataille de ce show télévisé très populaire se poursuit en 2018.

Pour combattre les émissions télévisées prétendant mettre en scène des voyants et autres médiums, le ministère de l'Éducation russe trouve une méthode inédite. Une commission de l'Académie Russe des Sciences, en partenariat avec le Prix Harry Houdini, offre près de 16 000 euros au premier médium qui réussira leur test scientifique, prouvant qu'il détient de réelles capacités paranormales, selon le European Counscil of Sceptical Organizations, pour l'heure aucun ne l'a réussi.

Avec l'aide de magiciens ou de scientifiques, ils voudraient ainsi dévoiler les trucs utilisés par les mentalistes et voyants pour convaincre et tromper leur public, en les faisant parfois payer très cher. En démontrant le rôle que jouent les assistants et les éléments de fiction derrière ce type d'émissions, la commission espère infléchir leur audience. Elle met également en avant des personnes jugées pour escroquerie, telles que Yuri Olenin, participant d'un show télévisé intitulé la Bataille des médiums, condamné à trois ans de prison car son Centre de parapsychologie et de correction du destin avait trompé 20 personnes, leur soutirant près de 235 000 euros.

Pour mettre à l'épreuve les dons des mentalistes, l'équipe combattant les duperies paranormales, met au point des tests, pour ceux qui se revendiquent devins. Lors du prix Harry Houdini 2016, trois personnes ont tenté d'identifier des

128

photographies cachées dans des enveloppes, sans y parvenir. Pour le moment, personne n'a obtenu la récompense promise. Le spectacle paranormal de la chaîne TNT Russe et TV 3, vante les médiums, magiciens, clairvoyants, diseuses de bonne aventure et sorcières. La chaine invite traditionnellement les personnes les plus insolites et incroyables. Chaque année, les candidats participants au projet montrent un maximum d'imagination pour attirer l'attention. Des gagnants deviennent célèbres et reçoivent un grand prix de 100 000 roubles. La Fondation James Randy garantit de son côté, officiellement une prime de 1 000 000 $ à toute personne qui démontrera des capacités extrasensorielles, surnaturelles ou paranormales dans une expérience correcte. Jusqu'à présent, aucun candidat n'a été en mesure d'obtenir ce prix, alors faites vos propres conclusions. Si les capacités extrasensorielles existaient réellement, les grands gagnants de ces spectacles, gagneraient des millions dans le monde entier. Au cours des 18 saisons de la " Bataille des Voyants ", des personnages inconnus, sont devenus célèbres, les anciens participants à la bataille, gagnent beaucoup d'argent. Une heure de leur travail divinatoire coûte en moyenne 15 à 40 mille roubles, le flux de mages et de guides en quête de gloire est incessant. C'est au désespoir des religieux orthodoxes, Ce sont des émissions de télévision, qui, comme beaucoup d'autres, furent inventées par les Britanniques avant les Russes. Les transmissions TV de ce type sont populaires partout dans le monde. Au Royaume-Uni, « Britain's Psychic Challenge », en Amérique, « America's Psychic Challenge », en Bulgarie «Yasnovidtsi ». Les pseudos surdoués, mages et sorcières n'ont même pas de raison de dire la vérité, ils vont s'exposer à la colère des gens, puis en second, ils ne seront plus invités à tourner d'autres projets de télévision. Notez que dans de tels spectacles, les sorciers ne font jamais de prédictions qui peuvent être vérifiées après quelques mois ou même une année. L'exactitude et le nombre de prédictions qui sont réalisées à l'antenne sont peut-être le seul moyen de prouver leur valeur professionnelle. Grâce à ces émissions de télé magiques, il s'est avéré qu'en Russie, une nouvelle génération de clairvoyants extrasensoriels est née. Sans doute plus que si de telles émissions n'avaient jamais existé. Certains étaient des acteurs de théâtre ou de cinéma comme Nikita Turchin, d'autres ont déjà joué les figurants de séries. Le coût des services pour les finalistes, ou les lauréats, devenus stars du projet TV, la Bataille des Voyants est à peu près le même. Consultation personnelle horaire 50 mille roubles, parler sur Skype 25 à 30 mille roubles, consultations pendant une tournée régionale à partir de 20 mille roubles, participation à des formations et des séminaires dans un groupe de 10 personnes, de 10 à 13 mille roubles. La formation dans les centres de magiciens et psychiques, la divulgation des capacités de vous et moi, va de 70 à 100 mille roubles. C'est aussi ce que fait le Général Savin dans ses cours devant initier le commun des gens aux pratiques extrasensorielles des mentalistes de l'ancienne unité militaire 10003 au sein de son école diplômante. La présentation d'un diplôme de voyant extrasensoriel à une candidature d'embauche ferait éclater de rire un recruteur en Union Européenne, en Russie cela semble ne pas choquer. Pour le cours express avec des participants ordinaires du projet TV non sortis vainqueurs, une consultation personnelle vaut de 20 à 30 mille roubles. Peu importe que les talents de ce voyant aient été déclarés nuls ou moindres que ceux des stars de l'émission sur TV3, les personnes payent et consultent. Les gens se tournent souvent vers les médiums dans les moments de désespoir de leur vie, alors les charlatans vont rarement en prison. Mais parfois ils sont dépassés par les évènements. Un participant de la neuvième saison de cette émission « La bataille des voyants », Yuri Olenin fut condamné à trois ans de prison. Olenin avait ouvert le Centre de Parapsychologie et de correction du destin, dans lequel il a soudoyé de grandes sommes aux Moscovites crédules. Après la Bataille des Voyants, Olenin a été invité à diffuser ses voyances à la radio, les auditeurs l'ont appelé pour obtenir des conseils. Les assistants du sorcier rappelaient les auditeurs de la radio, pour les convaincre que le conseil par téléphone ne pouvait pas résoudre le problème. La personne ferrée transportait de l'argent à la réception de l'émission radio pour payer et prendre rendez-vous. Plus de 20 personnes admirent avoir payé, leurs dommages s'élevaient à 16 millions de roubles. La situation avec la réglementation législative des guérisseurs est un peu meilleure. L'article 50 de la loi « Sur les fondements de la protection de la santé des citoyens » comporte le terme de médecine traditionnelle, qui est une porte d'accès vers l'autorisation légale d'exercer. Les guérisseurs doivent obtenir un permis délivré par un organisme d'État spécifique, on ne leur demande pas dans le détail l'efficacité de leur médecine alternative, ils doivent simplement entrer dans un système de déclaration, paiement de taxes et impôts (13%). Pour exercice de médecine populaire traditionnelle sans autorisation est prévue une amende pouvant aller jusqu'à 4000 roubles. On peut régulariser en remplissant un dossier administratif. La loi définit clairement que la fourniture de services occultes ou magiques, ainsi que l'exécution de rituels religieux, ne s'appliquent pas à la médecine traditionnelle, ils sont donc théoriquement hors la loi en pratiquent. Beaucoup de gens sont victimes de bonimenteurs se faisant passer pour des sorciers. Les émissions télévisées incitent les spectateurs à faire appel aux centres ésotériques, guérisseurs, magiciens, à participer à une formation inutile ou même dangereuse pour la santé mentale, banalisant le don d'argent aux escrocs. Il faut savoir que les programmes de télévision sont de la fiction artistique. Les résultats à l'antenne sont indispensables, alors il s'avère que les réalisateurs des programmes, visitent à l'avance les consultants, parlent à tout le monde, exigeant beaucoup de détails. La récolte de ces informations est fournie aux pseudos voyants de l'émission qui s'en servent plus tard en direct dans leurs visions. Tout cela provoque l'enthousiasme du public, et l'audience croit. Chaque programme est monté de manière à faire le plus d'impression sur le public. Ce que les gens ne disent pas est trouvé sur les réseaux sociaux, de nombreux détails peuvent être tirés des médias en ce qui concerne les affaires criminelles très médiatisées. Longtemps avant l'enregistrement du programme, les voyants ont lu les dossiers des personnes, vu les photos, mémorisé les points à développer sur scène, bien qu'il puisse y avoir des coïncidences, tout l'ensemble est truqué, totalement scénarisé.

TABLE DES MATIERES
Содержание

INTRODUCTION   p   7
PRESENTATION   p   9

De l'Autre coté du rideau de fer   p   13
Médiumnité au service de l'armée et du KGB   p   27
La présidence brejnev et les ovnis   p   43
Ovni à l'Institut du Laser   p   61
Témoignage de généraux   p   65
Téléréalité   p   77
Les équipes paranormales militaires X   p   81
Les parapsychologues du KGB à Vladimirovka   p   89
Akhtubinsk la base scientifique aérienne paranormale p   93
Les sorciers et le pouvoir d'Etat   p 101
Zhitkur   p 113
Les orthodoxes s'opposent aux mages du kremlin   p 121

TABLE DES MATIERES – СОДЕРЖАНИЕ   p 131

979-10-97252-05-2

www.ingramcontent.com/pod-product-compliance
Lightning Source LLC
Chambersburg PA
CBHW020813300326

41914CB00075B/1718/J